Paul Morand

de l'Académie française

Fouquet

ou Le Soleil offusqué

Gallimard

c.c

2070323145

© *Éditions Gallimard, 1961.*

*Qui fut cet homme étonnant dont Louis XIV fut jaloux toute sa vie ?
Ce ministre des Finances qui savait faire jaillir l'argent du sol ? Ce
séducteur que toutes les femmes adoraient ? C'est ce que Paul Morand
montre ici avec son talent incomparable pour débrouiller les fils de
l'Histoire.*

*Louis XIV construira Versailles pour effacer le souvenir de Vaux. Il
protégera les écrivains pour imiter Fouquet.*

*On peut dire du style Grand Siècle que c'est Fouquet qui l'a inventé.
La Fontaine, Saint-Evremond et la Sévigné ne s'y sont pas trompés, en
se dévouant à leur ami Fouquet, l'homme que Louis XIV détroussa avec
l'aide de Colbert.*

*Autour de Fouquet, de Colbert, de Louis XIV, un extraordinaire
ballet politique se joue. Paul Morand s'y meut avec autant d'aisance
qu'il visitait autrefois l'Espagne du « Flagellant de Séville ».*

Paul Morand est né en 1888 à Paris, rue Marbeuf, sur l'emplace-
ment du célèbre Bal Mabille. Les Sciences Politiques et Oxford le
conduisent au concours des Ambassades. Il est reçu premier. Sa
carrière diplomatique a été de pair avec une carrière littéraire très
féconde : plus de cinquante ouvrages. Paul Morand qui excelle dans
la nouvelle a été un des premiers chantres de la vie rapide, du
cosmopolitisme, des voitures de course, du jazz, des voyages. Il a
été élu à l'Académie française en 1968. Il est mort en 1976.

I

ALBUM DE FAMILLE

Les biographies ont coutume de débuter par l'étude de la famille et des aïeux du héros. Malgré l'ennui de ces préliminaires, et pour ne pas déroger à la tradition, il faut dire deux mots des Fouquet, à travers les âges. Le Surintendant en est éclairé.

Cela commence assez brillamment par un Jean Fouquet qui est chevalier, propriétaire, à l'est d'Angers, d'un petit manoir, les Moulins Neufs, homme de guerre, très apprécié de son chef, le maréchal de Boussac, qui commandait les armées du Roi. Le fils de ce Jean Fouquet, Josselin, épouse la fille du sieur de Pincé, écuyer. Le petit-fils, Guyon Fouquet, s'élève encore dans la hiérarchie sociale, en prenant pour femme Mlle de Charnacé, demoiselle plus noble que riche, mais qui dut lui être utile par ses relations, car il semble avoir occupé un rang qui permit à leur fils Mathurin de faire un mariage flatteur. Il y avait en effet, en Anjou, des Écossais venus en France au service de Charles VII et qui, comme tant d'étrangers, séduits par le pays, y étaient restés et avaient fondé de puissantes familles. C'étaient les Cussart et les Cupif, au nom évidemment francisé. La fille du sieur Cussart, Marguerite, épousait Mathurin Fouquet.

Cette alliance brillante ne porta pas bonheur aux Fouquet ; peut-être leur tourna-t-elle la tête ; en tout cas, ils firent de mauvaises affaires, furent contraints de vendre les Moulins Neufs ; la famille, après cent ans de prospérité, tomba dans une demi-misère. Un des fils s'expatria. Revenu d'Angleterre avec un peu d'argent, il épousa une cousine, Lésine Cupif, et, devenu drapier-chaussetier, installa un commerce à Angers.

A l'instar des Bourbons, les Fouquet ont donc, eux aussi, une tache mercantile. C'est à la devanture du drapier-chaussetier que s'étalait cet Écureuil, que l'on retrouvera, orgueilleusement rampant, dans le blason du célèbre descendant.

Enrichi, François Fouquet envoya ses fils en Angleterre, en Allemagne, en Italie, leur fit faire des études en droit civil et en droit canon, ce qui leur ouvrit les portes de la magistrature. Les voilà conseillers, l'un au Parlement de Paris, l'autre au Parlement de Rennes ; ce dernier, devenu gendre du président au Parlement, succéda, dans cette place, à son beau-père.

Quant à François Fouquet, sa carrière est plus brillante encore, car il épouse Marie de Bénigne, fille d'un noble homme, tué à la bataille de Saint-Denis, dans l'armée du Roi. Ce bel exemple le confirme dans sa fidélité à Henri III ; bravant les dangers, quittant femme et enfant, il rejoint à Tours le Parlement transféré pendant la Ligue et y reçoit du Roi les lettres de gentilhomme ordinaire de la chambre. Le roi est assassiné, Fouquet meurt de la peste, sa femme périt aussi et le fils, demeuré orphelin, est confié à la garde d'un marchand de Paris ; triste abaissement, par bonheur momentané, car les Fouquet ont l'esprit de famille ; un oncle va se charger du garçon et en fera un conseiller au Parlement de Rennes. Il s'élèvera dans sa carrière, deviendra maître des requêtes et s'alliera à une des plus importantes familles de robe, les Maupeou (eux-mêmes liés avec les Jeannin-Castille, notables, superintendants, contrôleurs généraux), en épousant leur fille Marie. Ce sera le père du surintendant Nicolas Fouquet.

Des années passent sans changement important, et voilà qu'éclate une affaire d'État. Les plus grands personnages, le maréchal d'Ornano, les deux Vendôme, sont arrêtés, un favori de Louis XIII, Chalais, est gardé à vue, un décret royal institue une Chambre de Justice criminelle, dont font partie le maître des Requêtes, Nicolas Fouquet, et son parent Christophe Fouquet, procureur général. C'est l'affaire Chalais, en bonne place dans la liste des crimes commis par la monarchie. Le biographe de Fouquet, J. Lair, a évoqué « la secrète horreur de cette procédure abominable, dirigée et falsifiée par Richelieu, sanctionnée sans preuves par une chambre de justice servile ».

Henri de Talleyrand, comte de Chalais, petit-fils de l'illustre Montluc, marié à la riche héritière Charlotte de Castille, ami depuis l'âge de sept ans du roi Louis XIII, était un joli garçon, ambitieux et léger, qui se mêlait étourdiment de toutes les intrigues tissées autour de la reine Anne d'Autriche, du ministre Richelieu et du dangereux couard, frère du roi, Gaston d'Orléans. Le fond commun de toutes ces trames était le désir de

détruire Richelieu, mais le Cardinal prétendit y
découvrir la volonté de remplacer Louis XIII par son
frère ; d'où crime de lèse-majesté.

Cette atmosphère politique à la Cour, déjà bien assez
trouble, allait être rendue tragique par l'entrée en
scène d'une des plus redoutables intrigantes de l'Histoire, la duchesse de Chevreuse. Cette femme avait
tout pour nuire ; la beauté, l'esprit, la ruse, l'intrépi-
dité au service d'un cerveau brouillon et d'une folle
ambition. Dévorée de rancune, parce que sa vie licencieuse
l'avait fait chasser du Louvre, elle voulut entrer
dans la conspiration qu'elle devinait autour de Gaston
d'Orléans et se jeta sur un des intimes du Prince, l'infortuné Chalais, qu'elle séduisit et affola. Cet hurlu-
berlu naviguait maladroitement entre le parti de
Gaston d'Orléans et celui du Cardinal, parlant à
tort et à travers, se confiant à la Chevreuse, faisant
des offres de service à Richelieu, compromettant tout
le monde, et surtout lui-même. Alors s'engagea une
effroyable partie dont l'enjeu était Gaston d'Orléans,
et, à travers lui, Anne d'Autriche, trop haut placés
l'un et l'autre pour être atteints directement, mais
qu'on pouvait frapper dans leurs complices. Quelles que
soient la légèreté et la sottise de Chalais, le cœur se serre
à voir cette malheureuse mouche prise dans la toile du
Cardinal, les interrogatoires, tantôt insidieux et bénins,
tantôt menaçants, les promesses de torture (on le mit
en présence des appareils), les aveux de Chalais suivis
de rétractations, ses oui et ses non successifs, sa confiance incompréhensible, sa loyauté à l'égard de la
Chevreuse qui, épouvantée, le chargeait ; et finalement
cette phrase terrible qu'à bout de force il se laissa arra-

cher : « Si Dieu appelait le Roi, Monseigneur (Gaston) pourrait épouser la Reine. » Ce jour-là, la partie était gagnée, Richelieu tenait définitivement Gaston. Chalais, devenu inutile, était livré au bourreau... et quel bourreau!

Sauf sa mère, dont on a une lettre au Roi, admirable d'amour et de douleur maternelle, tout le monde, Gaston en tête, abandonna l'infortuné. La sentence rendue, contre tout droit, sur les conclusions de Christophe Fouquet, condamnait Chalais à avoir la tête tranchée, le corps coupé en quatre morceaux exposés aux quatre portes de la ville, ses biens confisqués et sa postérité déclarée ignoble. Louis XIII, moins dur que ne le fut plus tard son fils, envoya des « lettres patentes de modération ». Chalais serait seulement décapité. Ce « seulement » est admirable, quand on pense à ce que fut cette exécution.

Nicolas Fouquet, le père du surintendant, fut un des juges, à plat ventre devant le Cardinal, qui condamnèrent Chalais. Comme dans ces tragédies antiques où apparaît la punition du père reportée sur le fils, le surintendant sera à son tour victime d'une juridiction d'exception, composée de juges serviles, et l'on verra surgir à nouveau, fatale à Fouquet, cette même duchesse de Chevreuse, fatale à Chalais.

II

L'INTRODUCTEUR DU GRAND SIÈCLE

Il y a des êtres émergés de la nuit, dont la poussée
vitale est celle d'une fusée serpentine : ainsi Colbert.
D'autres s'épanouissent goulûment au soleil du
bonheur, étendent joyeusement leurs frondaisons,
jusqu'au jour où la tempête les punit de leur témé-
raire porte-à-faux : tel Fouquet. Fouquet est trop
heureux, trop ami de la chance, pour n'avoir point
ce fonds d'égoïsme qui empêche de se donner entièrement ; il ne se donne pas, il se prête ; aussi n'aura-
t-il pas la taille de son destin. Quand on a acheté tous
les hommes et payé toutes les femmes, comment les
aimer ? Sur les murs de Vaux, Le Brun lui donna le
soleil pour emblème ; Fouquet est un soleil qui se
disperse en rayons, mais ses rayons ne brûlent pas.
La Fontaine, dans la lettre qu'il adressa au prisonnier, son ancien protecteur confiné, a ce mot d'une
subtilité admirable : « Vous n'avez pas assez de
passion pour une vie telle que la vôtre. »

Fouquet s'est diverti infiniment. Aussi, quand
viendra le temps du malheur, après avoir livré

une très belle bataille judiciaire où il ne sauva que sa tête (mais contre l'arbitraire du pouvoir absolu, la victoire était impossible), Fouquet renonça au siècle ; non : le siècle renonça à Fouquet.

Cet être sans passion va être traqué par deux passionnés. Il y a trois manières de commencer sa vie : le plaisir d'abord, le sérieux plus tard ; ou bien travailler dur au début, pour se revancher vers la fin ; ou enfin mener de front le plaisir et le labeur. La première manière est celle de Louis XIV ; la deuxième, celle de Colbert ; la troisième, c'est celle de Fouquet.

Fouquet est l'homme le plus vif, le plus naturel, le plus tolérant, le plus brillant, le mieux doué pour l'art de vivre, le plus français. Il va être pris dans un étau, entre deux orgueilleux, secs, prudents, dissimulés, épurateurs impitoyables. Il succombera, étant resté un homme du temps de la Fronde, avec quinze ans de retard sur l'époque qui s'annonce. Confiant et aveugle ; n'ayant su ni percer à jour la Reine-mère ; ni qualifier Mazarin ; ni juger Colbert ; ni prévoir Louis le Grand.

Fouquet a dû croire que tout s'achète, même le destin.

Fouquet est un animal de bonheur qui a tiré à sa naissance un trop bon numéro : aussi n'a-t-il ni sentiments profonds, ni ressentiments amers. Ce fut un touche-à-tout, un aime-tout, un curieux, une libellule. Issu de la grande bourgeoisie de robe, il s'élève sans difficulté, cherchant dans la vie, et même dans son immense labeur, le plaisir, sous ses formes les plus rares. Il s'impose, avec grâce et avec bonne grâce, aux milieux mêmes qui nourrissent le plus parfaitement la méchanceté de l'homme : la Cour et l'Administration.

Le Roi et Colbert, ces deux furieux du pouvoir absolu, s'entendaient dans une haine exemplaire contre ce personnage souriant, qui n'aimait la puissance qu'en dilettante. Fouquet a la simplicité de ceux qui ne se prennent pas trop au sérieux ; mais Louis XIV et Colbert se prennent terriblement au sérieux. Qui sait si, obscurément, ils n'ont pas pressenti le mortel ennui que, parmi des courtisans creux et des fonctionnaires vides, ils se préparent, pour la fin du siècle ? La raison regrette souvent d'avoir eu raison contre le cœur. Et peut-être, en haïssant Fouquet, le Roi cède-t-il à une intime nostalgie, le regret de la liberté telle qu'elle régnait avant le despotisme de Versailles où l'art lui-même sera entièrement engagé dans la politique, politique du meuble, de la tapisserie, de la tragédie, des manufactures décoratives, politique de la peinture, politique des jardins ? Louis XIV, athlète à la volonté de fer, voit-il avec une sourde envie le laisser-aller, la gracieuse négligence du dernier homme de la Renaissance, d'un alchimiste de la monnaie fiduciaire, du Surintendant Fouquet ? La France de Louis XIV ne regrette-t-elle pas parfois la France de Louis XIII ?

Pour Colbert, travailleur forcené, un Fouquet qu'on ne voyait pas travailler et qui pourtant accomplissait des tours de force était un scandale abominable. Sans doute Fouquet, comme Talleyrand, organisait-il excellemment le travail des autres, de

Pellisson à Gourville? Louis XIV aura appris de lui cela aussi.

Le travail servait de prétexte à Fouquet pour se dérober à une Cour de mendiants en dentelles. Il échappait ainsi à tous, à toutes, peut-être à lui-même? Pourquoi cette fuite? Au profit de quoi? Du plaisir? Et ne faut-il pas y voir le secret de cette vie qui finit tragiquement? Un charme incomparable ne survit pas au cimetière; d'où la faible renommée posthume de cet éclatant personnage. Heureusement, il a confié sa gloire à des écrivains, à des artistes, et légué à la postérité un fastueux château. N'est-ce pas mieux que de lui laisser quelque méchant livre? Vaux est l'image en creux du Surintendant, où cet ancêtre des Fêtes galantes n'a plus l'air de croire à son bonheur.

Le personnage dut pourtant être extraordinaire pour que Louis XIV, dérogeant au traditionnel privilège des rois, ne lui ait jamais pardonné. Comment expliquer cette haine implacable : antipathie naturelle d'une génération à l'égard de l'autre, rivalité dans les amours, vengeance envers un maître dans l'art de vivre magnifiquement, exercée par l'apprenti tenu loin du coffre-fort, châtiment voulu par un grand roi ennemi de la fraude? Mais qui a plus fraudé que Mazarin demeuré impuni, plus trafiqué des places et des biens du Trésor, plus appauvri la nation? Et ne verra-t-on pas Louis XIV et Colbert se rendre coupables, vers la fin du règne, des mêmes péchés?

La malchance de Fouquet, ce fut d'avoir atteint le zénith en 1661. Il servit de bouc émissaire à cette

monarchie absolue dont il ne soupçonna pas la sou-
daine naissance. Mazarin mort, Fouquet a dû penser :
« Il faut que je le continue » ; il n'a pas entendu le
Roi affirmer : « Il faut que cela change. »

Le siècle de Louis XIV avait hâte de monter sur
l'estrade ; il attendait depuis si longtemps ; il ne
lui restait plus que trente-neuf années pour être le
Grand Siècle.

LE GÉNIE DU MAL

Le plus grand malheur du Surintendant est, sans nul doute, d'avoir si bien réussi auprès de Mazarin.

Fouquet était né dans une famille de membres du Parlement, non de parlementaires. (Il ne faut pas confondre, dit Stendhal, les Romains et les habitants de Rome.) Son père était conseiller aux parlements de Rennes et de Paris. Par sa mère, il descendait d'une vieille noblesse de robe, les Maupeou ; sa maison, rue de Jouy, était de haute moralité : un père, noble collectionneur d'antiques et de médailles, une mère sainte, quatre sœurs entrées en religion, un frère archevêque, un autre évêque. Ses jeunes yeux ne virent que des exemples d'honneur, d'abord autour de lui, puis au Parlement de Paris qui était encore le Parlement des Chanut, des Harlay, des Mérou, le milieu le plus probe, le moins achetable, jusqu'à ce que Fouquet y eût remédié.

L'ascension du jeune homme est rapide. Il a seize ans quand Richelieu, qui connaît et apprécie son père, l'envoie comme conseiller, avec dispense d'âge, au Parlement de Metz. A vingt-cinq ans, il

est maître des Requêtes, à vingt-sept ans, intendant
à l'armée du Nord. Ces intendances le mènent en
Dauphiné, en Catalogne, et finalement à Paris, car
nous le voyons intendant de l'armée royale qui
assiège la capitale (en pleine Fronde, où le doute
était permis, Fouquet a toujours loyalement joué
la carte du roi).

Mais, pour son malheur, le Grand Cardinal était
mort et Fouquet passera au service du Petit. Là, il
va vivre au sein de la corruption la plus éclatante, il
va respirer le *bel-air*, c'est-à-dire l'air méphitique
d'un palais italien, le Palais Mazarin. Il va suivre
l'exemple du seul de ses frères qui ait mal tourné,
l'abbé Basile. Comme lui il sera, jusqu'au bout,
fidèle à Mazarin (que ne l'a-t-il quitté ? là, peut-être
était le salut ! d'autant qu'en fin de compte, ce fut
Mazarin qui, perdant son protégé dans l'esprit du
Roi, fut la cause première de sa ruine.) De cet illustre
monsignor de répertoire, Fouquet, à moins de
trente ans, va apprendre les dessous du monde et la
façon de s'en servir. Le voilà contaminé pour toujours.
Surintendant, il ne pourra pas plus résister aux tentations que ses prédécesseurs, les Effiat, les Émery,
les Maisons, les Bullion.

S'il se contentait de les imiter, Fouquet ne serait
qu'un prévaricateur de plus ; l'Histoire n'est pas
avare de ministres malhonnêtes. Ce qui l'a sauvé de
l'oubli, c'est l'étendue sublime de son improbité,
son audace dans la soustraction, sa magnificence
dans l'exaction ; un Ministre du Trésor est toujours
un personnage en vogue, fût-il le plus terne des
Inspecteurs des Finances, mais personne ne fut

plus furieusement à la mode que Fouquet. La soudaineté de sa fortune redoutable communique un
vertige fascinant ; ce magistrat, hier intègre, acquiert
en se jouant l'habileté de main du prestidigitateur ;
que de dons! quelle aisance! quelle dextérité! « Sa
bonne tête est capable de contenir tout le soin d'un
État » (Sévigné). Les femmes de lettres, les Précieuses,
en raffolent ; on verra comment il a inventé La Fontaine, Molière, Le Nôtre, Le Brun, Vatel, etc... ; il
réinvente Corneille oublié ; tout le monde cède à son
charme et à ses pots-de-vin. Il est vrai que l'époque
était facile, et la pente savonnée... mais quelle ravis-
sante glissade, pour retomber durement sur la pail-
lasse d'une cellule, à Pignerol!

Parmi les influences qui, *a posteriori*, viennent
expliquer Fouquet, il y a d'abord l'époque, c'est-à-
dire la Fronde finissante, la confusion des pouvoirs,
les impôts mangés des années à l'avance, les achats
de conscience, les arrestations surprenantes, les
voyages style *Roman comique* de la Cour et du Parlement, les évasions à la Retz, l'exil, les fuites, les
harangues aux Halles, les tumultes au Louvre,
l'Espagnol aux portes de Paris, les libelles, les escar-
mouches, la misère, les supplices, le mobilier des
puissants de la veille précipité par les fenêtres, la
royauté humiliée, la décomposition du pouvoir, tout
ce baroque Louis XIII vous envoyant à la tête des
vapeurs d'or, bref, cet immense cage tournante,
tourbillonnante, où l'écureuil Fouquet apprendra
l'agilité.

Il y a aussi les Jésuites. Fouquet sort du collège
de Clermont ; il en gardera toujours « l'âme mou-

tonnière et loyolitique » (Gui Patin). De même
qu'il ne se débarrassera jamais du R. P. Deschamps-
neuf, ce bibliophile-espion, installé à demeure chez
lui par la Compagnie de Jésus. Brillant, insinuant,
mondain, maître en compromis, casuiste, imbattable
en vers latins, amateur de devises ingénieuses, attiré
comme un papillon par les girandoles de toutes les
fêtes, Fouquet est le type même de l'élève des Jésuites
parisien (en province, c'est une autre affaire : les
Jésuites de Reims donneront Colbert). Cette montée
en volutes, ces lignes plus courbes que le dos des
courtisans, ces arabesques en porte à faux comme
la morale d'Escobar, et, pour finir ce grand arc brisé,
c'est bien l'architecture jésuite, c'est la vie même
de Fouquet.

Il y a ensuite l'exemple de Mazarin « grand sal-
timbanque de son naturel » (Retz) : à savoir qu'un
homme n'est jamais complètement perdu si, après
le découragement, la tête mise à prix, viennent le
rebond et les adulations effrénées. Le Cardinal lui
offre le spectacle de la peur, de l'avarice, de la dépense, de la déloyauté, de la méfiance constantes,
mais aussi du charme, de la courtoisie, de l'art
de faire travailler les autres, de l'art de s'accommoder de tous les métiers, de sortir des bourbiers
en temporisant ; Fouquet voit le mépris de la foule,
le calcul, les achats frénétiques suivis de saisies, et
par-dessus tout l'enrichissement monstrueux des
dernières années, celles-là mêmes où Fouquet est près
de Son Éminence. Mazarin est pour Fouquet le Ten-
tateur, le génie du mal.

Derrière Mazarin, c'est enfin sur Nicolas Fouquet

l'influence de Basile, son frère, étrange personnage que nous a révélé Chéruel. Ecclésiastique sans la prêtrise, abbé rien que pour les bénéfices, mascarille de génie, trublion avide, insolent, débauché, brave comme on ne le fut que sous la Fronde, grand déchiffreur de secrets et de cryptogrammes, espion, doué de tous les talents de l'intrigue, ayant *possédé* le défiant Mazarin (et peut-être l'ayant sauvé, en ces moments effarants où l'on voit le Cardinal lui confier son avenir et sa fortune), plus ou moins spadassin (ayant voulu, peut-être, faire assassiner Condé), perdu d'amour pour la duchesse de Châtillon, ridicule mais effrayant policier, connaissant son Paris secret sur le bout du doigt, servant Nicolas Fouquet et finissant par le desservir et le trahir, l'abbé Basile Fouquet demeure derrière son frère comme une sorte de double, aussi ignoblement compliqué que son frère est transparent et simple jusque dans son manège et dans ses détours.

IV

FOUQUET CHEZ MAZARIN

ou
Premières leçons
d'acrobatie financière

Fouquet traverse son jardin de Saint-Mandé, lequel touche au parc du château de Vincennes. On passe de son potager au parc royal par une petite porte mitoyenne ou par un souterrain. Partout, en homme avisé, le Surintendant s'est installé à l'ombre du pouvoir ; pas autant que Mazarin, qui couche chez le roi et chez la reine-mère, mais presque. A Paris, Fouquet a acheté une maison derrière le palais Mazarin ; s'il a choisi Vaux, près de Melun, c'est parce que Fontainebleau est le séjour d'été le plus fixe d'une Cour itinérante ; si Versailles était autre chose qu'un pavillon de chasse, il irait habiter Versailles.

Fouquet aime son Saint-Mandé « asile de science et de repos ». Scarron écrit que ce Caton s'y *décatonise*. La maison est assez grande pour que le roi, Mazarin, Monsieur, frère du roi, y aient été reçus, ainsi que Christine de Suède, mais c'est le contraire

du tape-à-l'œil de Vaux, monument à sa gloire,
édifice de propagande. A Saint-Mandé, il a conservé
une vieille façade modeste, le chaume du côté où le
roi le regarde, les tuiles et la plus belle façade du
côté invisible ; ainsi, à Bagdad, pour ne pas effrayer
le calife, les maisons en torchis ne laissaient rien
deviner de leurs trésors. Pas de tapisseries, quelques
rares bibelots. Sa chère bibliothèque, qu'il tient de
son père, et qu'il a fort augmentée, est là ; il s'y
adonne à sa passion, l'Histoire et la Géographie. Il y
installe, à côté de son cabinet de travail, une petite
académie pour lui tout seul, érudits, avocats (il est
excellent juriste) et médecins (il adore parler méde-
cine ; Pauquet, c'est son « médecin de plaisir »).
Saint-Mandé est voisin de Charenton, où la marquise
du Plessis Bellière, sa meilleure, sa plus sûre amie,
reçoit Pellisson, Mademoiselle de Scudéry, Scarron,
Corneille, Le Brun et tous les beaux esprits qu'elle
met à la mode. « On y parle d'amitié comme si on
parlait d'amour » (*Clélie*). Fouquet dit de Pellisson
ceci, qui est encore plus vrai de lui-même : « Il avait
ensemble l'esprit des belles lettres et celui des
affaires » (de l'État), tradition très française qui va
de Joachim du Bellay à Saint-John Perse.

C'est là que Fouquet vit entouré de ce qu'on appelait « sa petite Académie », à égale distance des
colloques de la Renaissance et des salons du XVIIIe.
C'est là, dans un cabinet derrière son bureau, qu'il
reçoit des demoiselles ou ses confidents.

Son souci de modestie, si près de la Cour, est
évident. Saint-Mandé n'est pas une terre, comme
Vaux, qui confère la noblesse à son propriétaire;

ce n'est pas une terre noble, mais une « roture ».
Son seul luxe, avec la bibliothèque, c'est une orangerie, à deux cents orangers.

Fouquet pense à Mazarin ; combien de temps le
Cardinal va-t-il vivre encore ? Hier, il l'a rencontré
qui se faisait promener en voiture dans les jardins,
plus parfumé que jamais, car il empoisonne ; toujours « sa grande douceur sur le visage »; il est tel
que Brienne nous le montre, tremblotant dans sa
chaise (« il ne devrait pas se faire faire la barbe, dit
la Reine, cela avancera sa mort »). Cet étonnant
acteur jouait la comédie pour soi tout seul ; ce mourant jouait au vivant. A côté du jeu de la scène politique, le jeu tout court ; sa vie à quitte ou double, la
dernière partie, entre le Diable et Dieu. Retz a
moqué la naissance basse de Giulio Mazzarino, et
son enfance honteuse, mais le Cardinal a gagné,
Retz est en fuite. Quel maître joueur ! A quinze ans,
chez les Jésuites, il mettait ses bas en gage, les jouait,
les regagnait ; à dix-huit, à l'Université d'Alcalá, il
perdait sa chemise, sur un brelan ; à vingt-cinq ans,
chargé de négociation, il jouait la Valteline, s'arran-
geant pour faire gagner Richelieu ; vice-légat, à
Avignon, il prononce l'oraison funèbre du Saint-
Père : « C'est un grand Pape, il a laissé huit millions. »
Mazarin, au cours de sa vie, n'a pas eu le temps
d'amasser de l'argent, bien que Benedetti ait dit
d'un Mazarin de dix-sept ans : « Non seulement il
s'affermit dans les bonnes grâces du prince (son
patron, le prince Colonna), mais encore il met de
côté un joli monceau d'écus. » Cardinal (sans avoir
pris les ordres) il lui fallait séduire Richelieu, devenir

français, mater le Parlement, les Grands, la France ;
battre ses ennemis, séduire la Régente et la maintenir séduite, élever Louis XIV et le former. Vieillis-
sant, il a compris que l'âge exige la richesse. Ce grand
temporisateur (sa devise est « Le Temps et moi »)
comprend qu'il lui faut maintenant se presser. Se
rappelle-t-il ce mot qu'il a laissé échapper dans sa
jeunesse : « Que l'homme est bête sans argent! »
Aussi, dès son retour d'exil, le Cardinal a décidé de
devenir l'homme le plus riche de France et du
XVIIe siècle. En 1661, c'est fait, mais c'est Fouquet
qui l'a aidé. Le Cardinal ne s'y connaît pas en
finances publiques (il ne s'y connaît pas non plus en
tableaux et on lui fait souvent acheter des rossignols) ;
il ne s'y connaît qu'en chevaux, en pendules et en
pierres précieuses, ce qui a fait dire à Saint-Aulaire,
Mazzarino étant un nom de lieu, celui d'une petite
ville des Abruzzes, que le Cardinal était juif ; en
pierres précieuses, il est imbattable ; il a racheté à
la reine d'Angleterre le Sancy, et il a dégagé de chez
l'orfèvre les bijoux que la reine de Suède avait
engagés. Il a même emporté dans sa fuite les bijoux
de la Couronne de France, et il a fallu que la Reine
les lui redemande à maintes reprises pour qu'il se
décide à les rendre. Tout cela, et sa bougrerie (« bougre bougrant, bougre bougré »), les mazarinades
l'ont dit et chanté ; ces libelles, c'est Fouquet (et
son frère Basile) qui les traquait, les saisissait. Certes
Colbert, intendant du Cardinal, lui rend de précieux
services, lui trouvant des prête-noms pour ses infinis
trafics, car Mazarin vend tout, les fagots de ses
forêts, les poissons de ses étangs, les chevaux de ses

haras, les faisans de ses tirés, il gagne sur les chevaux
anglais que lui fait venir l'ambassadeur d'Angleterre
(bien entendu, par la valise, car, dit-il, « seuls paient
la douane les gens dépourvus d'amis »). Il vend des
armes, des régiments, des subsistances, des couver-
tures à l'armée ; il lui vend même de l'eau ! Il vend
des places ; il vend ses nièces, après leur avoir revendu
ses vieux carrosses. La nuit, maintenant que le
sommeil le fuit, il pèse ses pièces d'or, pour remettre
au jeu, le lendemain, les plus légères, les plus frustes.
Colbert lui rend d'innombrables services, mais ce ne
sont encore que de petits services, qui ne font pas
rentrer assez d'argent. Ce qu'il lui faut, c'est la
grande réserve des finances publiques.

Pour cela, il a besoin de Fouquet ; le Surintendant
est le seul à pouvoir actionner « la grande pompe
centrale du fisc », facilitant « l'exploitation de la
France par un coquin, pour un coquin » (Michelet).
« Fouquet, un des hommes les moins scrupuleux et
les plus entendus », disait Gourville, de son em-
ployeur. S'il avait déjà eu Fouquet en 1648, le Cardinal se serait évité la banqueroute.

Mazarin a bien pensé à mettre de l'ordre dans les
finances, mais il n'a jamais eu le temps (du moins, il
le dit); toute sa vie, comme dans une *commedia
dell'arte*, il devra improviser. Aux tables de jeu, à la
Cour, on ne payait jamais en espèces, on signait
des billets. Les Finances françaises, ce sont des billets
toujours renouvelés. L'acrobate Fouquet est passé
maître à ce régime. Quand il n'y a pas d'argent, il
en trouve ; il s'engage au-delà de sa fortune, il engage
ses amis financiers. Certes le Surintendant se fait,

finalement, rembourser, mais ne court-il pas de grands risques ? Être créditeur d'un roi de France toujours à deux doigts de sa perte, pendant la Fronde, cela ne justifie-t-il pas de gros intérêts ? Le Cardinal a mesuré Fouquet et s'en méfie (comme de tout le monde), mais il ne peut s'en passer. « Il me faut de l'argent ! » Ce cri cardinalesque faisait accourir Fouquet. Comme on dresse un chien à rapporter le gibier, le Cardinal le dressait à rapporter l'argent. « Plus un sou à la Cour », gémit Mazarin ; aussitôt Fouquet apporte les sacs d'écus. « Les places frontières manquent de vivres, les Suisses non payés s'en vont », pleure Colbert ; aussitôt, s'engageant au-delà de ses possibilités, Fouquet envoie aux armées des chariots d'argent monnayé et sauve Valenciennes. Jusqu'au bout il gardera dans sa cassette la belle lettre de remerciements du Cardinal.

Le ministre n'aime pas son commis, mais il en a de plus en plus besoin. Non seulement Fouquet (moins que Colbert, cependant) connaît le détail des immenses revenus du Cardinal, mais il est le seul au courant des ressources invisibles qui doublent ou triplent les revenus avoués : dividendes touchés par l'armateur, par l'actionnaire des nouvelles compagnies coloniales, fruit des prises de la course en mer, caches secrètes où s'entassent les Titien, les Corrège, les Van Dyck. « Un homme vraiment magnifique a le ciel pour trésorier. » Cet autre mot de jeunesse du Cardinal sied à Fouquet, son trésorier, aussi discret que le donjon de Vincennes, où, derrière trois cents mousquetaires et des fossés pleins de fauves, Mazarin a mis son numéraire à l'abri.

De ces millions, pas un sou ne reviendra à la France ; en un geste gratuit, le Cardinal les a offerts au Roi, sachant que le Roi les refuserait, puis les a légués à ses neveux ; car, tels ces parasites qui meurent après avoir pondu leurs œufs sous la peau, Mazarin, mourant, a laissé à la France ses neveux. Ce n'était pas un beau cadeau : vauriens, catins, empoisonneuses, on a le choix dans cette famille. Un seul, un petit-neveu, s'est distingué ; malheureusement il s'est distingué contre la France, c'est le Prince Eugène.

Mazarin s'est souvenu qu'en exil, redevenu le petit Italien pauvre et en fuite, il a pu compter sur Fouquet. Cet homme de robe a le Parlement dans le sang ; il a décidé que le Parlement irait à Pontoise pour dégager Paris et s'engager avec la Cour, et le Parlement l'a écouté, partiellement, mais assez pour que la fiction devienne vraie : voilà le Louvre et Mazarin sauvés.

De tels services ne s'oublient pas. A son retour à Paris, l'avare Cardinal a bien été obligé de payer comptant. La récompense est venue... mais mitigée. En assurant Fouquet de la confiance qu'il éprouve en sa fidélité, et en déclarant « qu'il dépend de lui entièrement », Mazarin le nomme surintendant des Finances... mais le contre aussitôt, en lui adjoignant Servien. Fouquet s'en est tiré en laissant à l'autre les dépenses et prenant les recettes. D'ailleurs Servien est un maladroit intègre qui refuse l'argent à la Reine-mère et se fait prendre en grippe. Il est liquidé en 1655 et Fouquet reste seul maître. Comme il a — nouveauté incroyable — installé chez lui la Caisse d'Épargne, il peut se dire qu'il possède désormais le Trésor public. « Il loge le Pactole en sa maison » (Mlle de Scudéry). Il a beaucoup plus d'argent que le roi. La Reine-mère, qu'il pensionne plus ou moins secrètement, ne jure que par lui. Il paie son confesseur ; il paie ses demoiselles d'honneur, il paie la première dame de la chambre, Mme de Beauvais, par l'intermédiaire de Mme d'Huxelle, il paie ses maîtresses, les anciennes, les futures, il paie les entremetteuses, les médecins du roi, ses informateurs, ses artistes, les ambassadeurs, les seigneurs, les poètes, les journalistes bien sûr, les Jésuites, le Parlement, les Académies, la Cour. « On était pensionné sitôt qu'on voulait l'être » (Bussy-Rabutin). Scarron l'appelle « le Patron ». Pour tout le monde, il mérite ce titre.

Les places valent ce que les font les hommes. Au XVIIe siècle, les ministres n'avaient pas d'attributions bien définies. Saint-Simon écrira : « Les ministres n'ont ni office, ni charge, ni patente, ni serment ; leur état est nul. Cela est établi en l'air et n'a pas de véritable existence. » Et cependant c'est « ce long règne de vile bourgeoisie » (Saint-Simon) qui a protégé le trône contre les féodaux. Les ministres n'étaient que des expéditionnaires et, aux conseils de la Couronne, conseils aux attributions d'ailleurs mal délimitées, ne siégeaient qu'à de petites tables. La coutume voulait que le Surintendant ne siégeât même pas parmi ces secrétaires d'État. C'était le Trésorier, ou le Contrôleur général, qui était le véritable ministre des Finances.

Mais avec Fouquet, tout va changer.

Il n'a pas, lui, l'âme serve, ni la suffisance du par-venu. Marquis de Belle-Isle, de par cette place noble achetée au frère du cardinal de Retz, vicomte de Melun, vice-roi d'Amérique (titre plus pompeux que ce qu'il désigne), ce surintendant des Finances de France sera du Conseil d'en Haut [1] avec le Roi, la Reine-mère et les secrétaires d'État. Il reçoit les affaires que lui envoient la Grande et la Petite Com-mission des Finances. Il tient dans ses mains les recettes et les dépenses. Il a tout attiré, par la puis-sance de l'argent.

Mais il n'a pas su imiter la suavité mazarine, ni cette montée en pente douce de l'inimitable Cardinal, ni cette belle hypocrisie de comédien disant au Roi : « Sire, tout ce que je possède est à vous », ni cette pose à l'indifférence vis-à-vis de l'or, commune à bien des milliardaires. Fouquet est monté trop vite.

1. Notre Conseil des ministres.

V

LE GRAND LIVRE
DE LA DETTE PUBLIQUE
ORNÉ DE DESSINS DE CALLOT

ou
les Finances en 1661

Comment faisaient-ils, les prédécesseurs de Fouquet, pour se procurer de l'argent? Et lui-même? Et la France, combien recevait-elle de sa propre substance?

Les principaux revenus du royaume étaient :

a) *la taille*. — Capitation, contribution foncière, mobilière réelle ou personnelle, impôts directs et fonciers, rachat du service militaire.

b) *les aides* — (du latin *auxilium*). Impôts indirects sur les marchandises, sans compter les taxes locales.

c) *la gabelle*. — Impôt sur le sel.

d) *parties casuelles*. — Droits sur l'hérédité des offices, etc...

e) *les traites* (douanes) et *les cinq grosses fermes* — (douanes intérieures).

f) Il y a, en outre, *le cens* (redevance annuelle), *le champart* (droit sur les terres labourables), *le lods* (mutations), *la dîme* du clergé (budget ecclésiastique), les droits sur les baux, les corvées et taxes seigneuriales, etc...

Sur quatre-vingt-cinq millions d'impôts, il en rentrait environ une trentaine dans les caisses.

Les impôts étaient perçus de la façon suivante : en Conseil était arrêtée la somme à lever sur le pays. Les Trésoriers généraux de France, installés dans les généralités, étaient chargés de la faire rentrer. A l'intérieur de chaque généralité, les Intendants répartissaient la somme à payer (droit aux réclamations admis). Les collecteurs la recueillaient, en cinq termes, par paroisse.

Au haut de l'échelle, au-dessus des Trésoriers, receveurs, collecteurs d'impôts, fermiers, munitionnaires, fournisseurs de vivres, « partisans » et traitants, le Surintendant des Finances, qui ne dépend que du roi ; cet ordonnateur suprême ne rend compte à personne d'autre. Rien d'étonnant, dans ces conditions, que, de tous ces revenus, la moitié à peine arrive à l'Épargne ; le reste disparaît dans les sables.

La noblesse parce qu'elle combattait, le clergé parce qu'il priait ne payaient pas la taille. Aussi le nombre des nobles avait-il, grâce à des charges créées, ou à des généalogistes complaisants, doublé, depuis le XVIe siècle. Les faux nobles « se marquisant et se comtisant eux-mêmes » (Saint-Simon) étaient de plus en plus nombreux. On pouvait en outre sortir de la roture par certains grands offices ou par l'achat de terres nobles, qui, les uns et les autres, anoblissaient l'acquéreur, ne lui donnant pas seulement le plaisir d'avoir épée et éperons sur son cercueil, une girouette pointue ou carrée et le droit d'orner de fils d'or, de passementeries d'argent, ses habits, mais surtout l'avantage de n'être pas taillable. Outre l'exemption de la taille, il y avait les bénéfices de mille droits féodaux (colombier, portage, péage, garenne, etc...), attachés au sol.

La Cour, c'est la ruine ; les nobles étaient exemptés d'impôts parce qu'ils faisaient la guerre ; en attendant le XVIIIe où ils ne la feront plus beaucoup, ils la font encore ; malheureusement, pendant la Fronde, des deux côtés à la fois. Installés dans les places de sûreté, les gouverneurs se font très souvent payer leur fidélité ; il faut donc les acheter, puis les racheter. Anne d'Autriche s'y est employée ; comme tous les gouvernements faibles, elle payait amis et adversaires. « On ne refusait rien » (Retz). On n'entendait dire que : « La Reine est si bonne » (Retz). « Mazarin lui avait appris " qu'il vaut mieux acheter ses ennemis que de les briser ". Chacun imaginait les taxes les plus incroyables : une dame obtint de la Régente un droit d'impôt sur toutes les messes de Paris... Il y avait, auprès des Finances, des conseillers bénévoles, sous le nom de *donneurs d'avis* ; ils étaient intéressés aux bénéfices, quand leur idée était adoptée » (Feuillet). Dès que cessaient les subsides de la reine, la noblesse tendait la main à l'avare Mazarin, qui refusait. Le résultat c'est que : « On ne le salue même plus, on tient à honneur de lui désobéir. » Voilà pour hier.

Depuis 1643, les besoins d'argent primaient tout. Lutter contre l'Espagne et contre la Maison d'Autriche, c'était condamner le pays à la misère. Après dix-huit ans de guerre étrangère et quatre années de guerre civile, le roi avait gagné, certes, sur ces deux tableaux, mais le Trésor était vide. L'État, toujours à court, empruntait, puis restituait, le moins possible. Ses revenus étaient irréguliers, mal perçus et généralement dépensés à l'avance. (En 1650 on « mangeait » 1651, 52 ou 53.)

Le Surintendant n'avait pas entre les mains l'argent public, qui allait aux Trésoriers de l'Épargne ; mais ceux-ci payaient sur l'ordre du Surintendant, lorsqu'on leur présentait des *assignations* délivrées par lui ; la signature du Surintendant sur une assignation équivalait à une reconnaissance de dette sur l'État. (Donc, jusqu'en 1661, le Surintendant pouvait dire : l'État, c'est moi.)

Cette dette reconnue, le difficile était de se la faire payer. Un second ordre spécial du Surintendant stipulait que la somme due par l'État serait financée par tel ou tel fonds, le Trésor n'ayant jamais de liquidités. Nous avons l'habitude de voir les dépenses navales aller à la Marine, les culturelles dépendre de l'Enseignement, etc... Au XVIIe, rien de pareil ; une assignation se promenait partout, à la recherche d'une administration non obérée, même si celle-ci n'avait rien de commun avec le bon de caisse présenté pour se faire honorer. La valeur de ces assignations dépendait donc de la solvabilité du fonds débiteur. Quand elles ne pouvaient être acquittées, on les renouvelait, mais à mesure que le temps passait, elles perdaient naturellement de leur valeur ; se faire ordonnancer était une lutte contre le temps ; le créancier s'employait à trouver vite « un bon fonds » qui le rembourserait ; il lui fallait mettre en œuvre relations et recommandations.

Les créances les plus dépréciées, c'est-à-dire les plus anciennes, étaient reprises à vil prix par des traitants influents ou par des hommes bien en cour, à qui on ne refusait rien. « On achetait, disent les *Mémoires* de Gourville, au denier dix ; mais, après que le Surintendant les avait mis sur un autre fonds, ils étaient bons pour toute la somme. » Lors de la banqueroute de 1648, Mazarin, spécialiste de la *banca rotta*, « avait ainsi payé bien des gens en papiers dont on ne donnait plus, dix ans plus tard, que dix pour cent ; mais si le Surintendant les avalisait, ils redevenaient valables pour leur totalité et l'heureux bénéficiaire gagnait quatre-vingt-dix pour cent ». Ce qui changeait le papier en or, c'était donc le choix du fonds ou, en termes du temps, la *réassignation*.

Tout le secret des grands profits de Fouquet est là ; ces réassignations-récompenses sont la monnaie courante de son crédit. Mazarin, en finances, était un naïf « ignarissime » (Retz) ; toute son escrime était de promettre, jurer et se parjurer ; aucun crédit ne résista jamais à ce régime. Fouquet lui enseigna les avantages, sinon de l'honnêteté, du moins des échéances honorées ; aussi à Fouquet qui tenait parole, l'argent venait-il au moment voulu. C'est la raison, et la seule, pour laquelle, tout en n'aimant pas le Surintendant et en s'en défiant, Mazarin le garda jusqu'au bout. Mais on va voir qu'il se vengea du « mystérieux chef d'orchestre ». Fouquet a gardé et exagéré d'anciennes mauvaises habitudes ; Sully avait essayé de remédier à ce désordre, mais avec la Fronde tout avait recommencé. A force de parer au plus pressé, Fouquet n'avait pas pu recommencer Sully. Il avait dû se contenter d'avoir « de l'esprit pour le ravaudage » (Retz).

Le peuple et la bourgeoisie faisaient donc vivre la Cour, les Armées, l'Administration et jusqu'à un certain point la noblesse et le clergé ; ils succombaient à la tâche et les fermiers d'impôts devaient, dans leurs tournées de perception, se faire accompagner de *fusiliers*, contre les récalcitrants. L'armée n'était pas régulièrement payée. « L'armée du roi est une ronde de squelettes », dit un voyageur anglais. Quant aux troupes non soldées, elles se servaient sur l'habitant. « Nous avons mangé le pays sans rien laisser », écrit fièrement d'Harcourt à Mazarin. Les cachots étaient pleins de « prisonniers de tailles ». Quant aux paysans, ils se sauvaient dans les forêts, se nourrissant d'écorce, ils se cachaient dans les cavernes où les soldats les enfumaient parfois au terrier. On se rappelle le sermon de Carême de Bossuet, sur la misère des campagnes (5 mars 1662). Les provinces-frontières (c'est-à-dire à cinquante lieues de Paris) sont en ruines ; des villes de cent mille habitants n'en comptent plus que cinq cents ; cette France-là, c'est celle de Callot : les distributions d'aumônes, les bohémiens, les files de béquillards, les maraudeurs, les fermes pillées qui brûlent, les arquebusades et estrapades, les arbres avec plus de pendus que de feuilles, les mourants sur les routes, les bûchers, la roue, l'hôpital, bref : *Les Misères et les malheurs de la guerre.*

Tous les biographes de Mazarin et les historiens de la minorité de Louis XIV ont commenté, sur ce chapitre, l'inventaire effroyable dressé par Feuillet, *La Misère au temps de la Fronde*, ouvrage qui épuise ce triste sujet. C'est la guerre de Trente ans qui continue sur notre sol. On déterre les cadavres pour les manger ; il y a les armées étrangères, Suédois, Espagnols, Impériaux, Allemands, Suisses ; on compte près d'un million de maraudeurs irlandais, polonais, croates, lorrains ou pirates barbaresques sur les rivages de la Méditerranée, qui depuis dix-huit ans vivent sur le pays.

Fouquet est bien obligé de subir ces conséquences désastreuses de la victoire. La politique de grandeur se paie cher, le Traité des Pyrénées, la Ligue du Rhin, la Paix du Nord se règlent comptant. La Surintendance ne suit pas.

Par ce froid matin du début de mars 1661, dans son potager de Saint-Mandé, Fouquet ressemble à ces gentilshommes en fourrure qui traversent la vie entre des haillonneux tendant la main, qui hantent les planches de Callot. Le Surintendant est pourtant humain, il montrera beaucoup de vertu dans l'adversité ; il est bon chrétien, il est secourable, il admire Vincent de Paul, dont Mesdames Fouquet son les assistantes. Cette indifférence, cette coexistence des extrêmes, c'est l'époque ; l'Occident d'alors, c'est l'Orient d'aujourd'hui où l'on voit côte à côte la masure et le palais, la Cadillac de l'émir pétrolier et l'octogénaire pliant sous son couffin de crottes de chameau séchées. Pourquoi lui reprocher des pratiques courantes depuis les Fugger, depuis Jacques Cœur

accusé d'avoir empoisonné Agnès Sorel tandis qu'il
est ruiné par les maîtresses du roi? Les ministres
des Finances, à travers les âges, resteront toujours
ces détrousseurs courtois qui opèrent avec civilité.
Et ce ministre-là a les façons des ruelles, cet air
de la Cour qui, selon Molière, « fait tout passer ».
Quand le roi lui demande de l'argent, il répond :
« Sire, il n'y en a plus dans les coffres de Votre
Majesté, mais M. le Cardinal vous en prêtera »
(Voltaire). Le « Je dépends de vous tout entier », que
Mazarin a répété à Fouquet mille fois, Louis XIV
ne pourra que le lui redire ; c'est Fouquet qui a
toujours prêté à l'État, directement, ou, en cas
d'extrême nécessité, sous d'autres noms, sous un
nom supposé.

Ce que faisait Fouquet se ramenait en somme
à ceci : en réescomptant des billets, sa signature les
réévaluait. « Paris en était inondé » (Dussieux).
En plus grand, il faisait ce qu'avaient fait tous
ses prédécesseurs : des avances à l'État et des « pensions » à tous. Mais, pour ces avances, il fallait des
capitaux, du crédit auprès des « fermiers » et, comme
en ces matières le temps, c'est de l'argent, avoir les
reins, financièrement et politiquement, les plus
solides.

Le procédé était inique, immoral, mais il n'était
pas illégal. *Within the law.* Colbert fut plus tard obligé
d'en convenir : « Fouquet avait manié ses vols en
gardant les mains nettes. » Personne d'autre que le
roi ne mettait le nez dans ses comptes. Bien des
dépenses de Mazarin et du Surintendant avaient le
caractère de nos fonds secrets (*ordonnances au*

comptant) ; il suffisait d'expliquer l'affaire, oralement, au roi ; le monarque signait, mettant en marge : « Je sais le motif de cette dépense », et personne n'avait plus de questions à poser, ni le Parlement, ni la Chambre (Cour) des Comptes.

Fouquet était, comme les autres, et pas plus qu'eux, pris dans le cercle infernal de ses prédécesseurs (dévaluations, conversions, ventes d'offices, etc...) : d'Effiat, dont les *Historiettes* de Tallemant disent « qu'il apprit à voler à ceux qui l'ont suivi » ; Bullion, le fondateur du Jardin des Plantes, la plus belle plante de sa collection étant sa fortune, par lui quadruplée ; Bouthillier, « qui mit les tailles *en partie* » (c'est-à-dire qui s'en remit aux « partisans », par facilité, du soin de collecter les impôts à forfait) ; Particelli, plein de ressources et vide de scrupules, un de ces innombrables Italiens véreux de Lyon, que Mazarin traînait derrière lui, les Cantarini, les Conami, les Gondi, tous ces hommes en *i* qui viennent d'outre-monts donner des leçons de civisme aux Français. « Les singes ne vivent pas en pays aride », dit un libelle contre Mazarin.

Le mal venait, non de la pauvreté du pays, mais de l'absence de Trésorerie. A défaut d'une Banque de France, l'État s'adressait aux banquiers particuliers. Or, ces banquiers ne prêtaient au Roi que si le Surintendant était assez riche pour leur servir de caution à l'égard d'un Roi gueux ; si le Surintendant était puissant et, de surcroît, parlementaire, comme Fouquet, les financiers prenaient confiance, se voyaient à l'abri de poursuites éventuelles devant le Parlement. De sorte que « Fouquet prêtait comme particulier et se remboursait comme intendant ». (Ce raccourci de Lavisse est parfait.)

Quant au roi, il n'a que son domaine, comme tout autre seigneur. Ce domaine ne rapporte presque rien (quatre-vingt mille livres par an), mal affermé à des fermiers non contrôlés. Pour citer encore Lavisse : « Le roi n'a aucun crédit, on ne traite pas avec lui, dans la croyance qu'il va faire banqueroute. »

Il ne lui reste que la vente des offices ; mais aussitôt après leur nomination, les « officiers » peuvent et doivent piller, afin de rentrer en peu de temps dans leurs débours. Un office bien acheté se rembourse en quelques années ; les appointements rapportent douze pour cent du prix de la charge. (La fonction de Trésorier de l'Épargne se négocia quinze millions en 1618 et quarante millions en 1655.) Cette vénalité des charges durera de François Ier à 1789. Henri III avait voulu arrêter « le nombre effréné des emplois ». Il finit par promulguer vingt-six édits portant créations nouvelles. Sous Henri IV ces emplois devinrent héréditaires. (La « perpétuité » se payait en plus, comme les concessions au cimetière.) Bientôt, tous les emplois furent dédoublés. (Les avoués parisiens passent de deux à six cents.) Quant aux offices inutiles, on les supprime... mais on en vend aux villes l'abolition! Chaque augmentation du nombre des fonctionnaires étant, bien entendu, déclarée la dernière.

Cette confusion effroyable était normale et durable, bien que périodiquement dénoncée. Le génie de Fouquet fut de s'en accommoder.

VI

UN HONNÊTE HOMME
MALHONNÊTE

Le petit abbé Choisy a fait le portrait de Fouquet :
« Fouquet avait beaucoup de facilité et encore plus de
négligence... » On se demande comment cette « négligence » ne détraquait pas l'immense et quotidien
carrousel qui tournait sous la perruque du Surintendant. Qu'on imagine ses journées : cabales à déjouer,
pensions à distribuer, charges à créer pour ses amis,
audiences aux quémandeurs, sportules, traités à
signer avec les fermiers de l'impôt, surveillance
à exercer sur la gabelle et les aides qui rentraient mal,
ennuis avec des douanes intérieures inextricables,
troupes non payées à solder, offices à vendre, navires
à gréer, rendez-vous avec de jeunes beautés, ballets
à répéter, bals champêtres, promenades aux flam-
beaux, chasses aux objets rares, achats de livres
précieux, trésors d'art à dédouaner, renseignements
à trier, d'heure en heure apportés par courriers
venus des places étrangères où se manient les grands
capitaux, visites d'architectes pour son hôtel de Paris,
sa maison des champs, ses fortifications de Belle-Isle ;
une vie de salon, une vie d'antichambre, une vie de

voyages aux camps retranchés et sur les routes militaires. Car les surintendants ne sont pas de simples ministres des Finances : ils sont entrepreneurs de travaux publics, marchands de canons, fournisseurs aux vivres, négociants en pierres précieuses, banquiers négociateurs d'emprunts, agents des Domaines, gérants d'immeubles et changeurs (un changeur qui ne s'aperçut pas que le Pont aux Changes est en face du Palais de Justice). Par là-dessus, il y avait la Régente à ménager, un Mazarin désargenté, tendant ses belles mains crochues, et l'avide famille du Cardinal à satisfaire, un Parlement très susceptible à traiter avec circonspection, et enfin, toute une Cour à recevoir, à écouter et renvoyer satisfaite. « Il écoutait paisiblement et répondait toujours des choses agréables, en sorte que sans ouvrir sa bourse, il renvoyait à demi contents tous ceux qui venaient à ses audiences. »

« Il écrivait bien, continue Choisy, et ordinairement la nuit, à la bougie, dans son lit, sur son séant, les rideaux fermés. Il disait que le grand jour lui donnait des distractions. » Les semaines flambées, les journées s'évaporant au soleil de Fontainebleau, toutes les heures dévorées par la civilité, immolées aux bienséances, sacrifiées au décousu des amitiés, des cabales, des brigues, des conjurations d'antichambre, les après-dîners aux plaisirs de la table, du jeu ou à de plus secrets agréments. « Il se chargeait de tout et prétendait être Premier ministre sans perdre un moment de ses plaisirs. » Ne restait que la nuit pour faire durer une chandelle qui brûlait par les deux bouts et se concentrer, dans le silence, au gouvernement silencieux d'une société et d'un régime, encore informes, véritables tonneaux sans fond.

« Il se flattait aisément, continue Choisy, et dès qu'il avait fait un petit plaisir à un homme, il le mettait sur le rôle de ses amis, et le croyait prêt à se sacrifier pour son service. » C'est là l'histoire de tous les hommes obligeants, suffoqués d'encens. Certes, il est des services qui portent de gros intérêts : on verra que Fouquet ne fut pas abandonné de tous ; des amis très fidèles lui restèrent, des amis célèbres et qui ont rendu célèbre l'Amitié ; Louis le Grand sentira leur désapprobation muette, et sera obligé d'en tenir compte.

« Il ne vit jamais deux millions ensemble »... dit l'un ; et l'autre : « Il vivait au jour le jour, sans nulle mesure pour l'avenir, se fiant aux promesses de quelques *partisans* (financiers). » C'est ici un des côtés les moins explicables de cet homme si vif, délié et, par bien des côtés, si intelligent : nulle circonspection ni prudence, nulles vues perspectives, nulles sapes d'écoute, aucun avenir dans l'esprit. Il vit, sans se soucier d'un redoutable lendemain où il va trouver sur son chemin Louis XIV et Colbert. Pas un instant, il n'a deviné, dans le jeune monarque, le Grand Roi ; il n'a pas pressenti la révolution du pouvoir, la mutation de l'axe français de Paris à Versailles, l'extraordinaire déplacement d'équilibre dont il sera brusquement la victime. L'atmosphère corrompue de l'administration mazarine, le chaos, l'improvisation, il n'imagine pas autre chose que ce dans quoi il a toujours vécu. Excellent légiste, il n'est jamais choqué d'un droit privé et public chancelant ; né honnête, abus et pillages lui semblent naturels, et devoir toujours durer ; âme fort chrétienne, il prend son parti, une fois pour toutes, de l'écrasement et de la misère du peuple. Scepticisme ? Égoïsme ? Légèreté ? Insouciance ? Tentations trop fortes ? Mœurs voluptueuses ? (comme disent les prédicateurs du temps).

Plus haut encore, on trouvera en Fouquet l'opposition éclatante de deux époques, la Fronde et la monarchie absolue ; la mort de Mazarin faisant la frontière. Avant mars 1661, tous vivaient, pensaient, agissaient, dilapidaient comme Fouquet. Tout d'un coup, dès la fin du printemps de cette même année 1661, tous vécurent, pensèrent, agirent à l'instar du Roi. Aucun acrobate ne sait basculer comme une foule ; conversion et convertissement. L'idiote, l'innocente opinion publique fait ses rétablissements en un clin d'œil, avant même que les plus diligents retourneurs de veste n'aient réussi à dégager leur bras de la première manche de leur habit. C'est pour n'avoir pas eu ce flair que Fouquet, l'homme le plus habile, le plus expérimenté et le mieux informé de l'époque, a été pris. Et puni, rétroactivement. Les punitions rétroactives sont peut-être les plus justes : condamné pour manque de flair.

« Monsieur Fouquet, capable quoique grand voleur », écrit Mme de Motteville. Peut-être n'y a-t-il pas de grands voleurs, mais seulement de grands financiers malheureux ? Fouquet est le type, non pas de l'homme honnête, mais de « l'honnête homme ».

C'est précisément ce contraste entre l'homme des

plus misérables exactions et l'homme des gestes les plus seigneuriaux qui attire en lui. Il faut toujours chercher dans un personnage ce qu'il a d'extrême. En Fouquet, ce qui est intéressant, ce n'est pas sa fortune (Mazarin en fit une bien plus mirifique, et en moins de temps), ce n'est pas son luxe raffiné (l'histoire du luxe est pleine de Fouquets) ; c'est, d'abord, le jour si nouveau dont le jeune Louis XIV est ici éclairé ; c'est ensuite la soudaineté de la chute, en quatre mois, du commis le plus puissant de France ; les maladresses des hommes très habiles ont quelque chose de fascinant ; c'est aussi l'implacable haine de Colbert, cette cruelle rancune qui demanderait un Balzac, celui de *La Cousine Bette* ; c'est, enfin, la soudaine et pathétique antithèse entre Vaux et Pignerol, entre le palais et la prison, entre la lumière des salons et les ténèbres de l'*in-pace*.

Ce roi de la finance galante est souvent présenté comme un homme léger ; il était changeant parce que les finances sont un sol changeant, une mer plutôt qu'un sol. Les rapports qu'on a avec l'argent ressemblent à ceux qu'on a avec une femme. Il avait les vues larges, l'audace lui était naturelle, « J'ai le cœur au-dessus des périls », dira-t-il un jour, mais il était réfléchi et plein de vigilance dans ses fonctions ; excellent juriste aussi, on le verra à son procès, où, privé d'avocat, de dossiers, de toute possibilité de prendre des notes, il reconstituera son passé de mémoire, assumera seul sa défense, et confondra ses juges.

Peut-être a-t-il, dans le succès, les défauts des Jésuites, des formes parfaites sur un fond qui ne

tient pas l'ancre ; mais ce fond, à Pignerol, déblayé
des marnes argileuses du bonheur, se révélera de roc.

Fouquet est le financier idéal de cet hôtel de
Rambouillet qui vécut pour le plaisir de l'esprit ;
le travail lui est un perpétuel divertissement ; il est
enjoué même aux échéances ; il gardera l'usage du
monde élégant jusque dans ses coups de chapeau
à ses juges ; son goût est infaillible, jusque dans ses
plaidoyers les plus déchirants. Il est le *Grand Cyrus*
«partageant son cœur entre l'amour et la gloire »
(« l'amitié » serait plus juste), mêlant la littérature
et la réalité, à l'aise dans la fable financière, ne se
départant jamais de ce que dans les ruelles on prise
le plus : un certain esprit de politesse, même envers
ses geôliers, même avec la mort. Il a fait des fautes
de trésorerie ? Mlle de Scudéry, reine du roman,
ne faisait-elle pas d'énormes fautes d'orthographe ?

VII

LE ROI VEUT...

A l'aube, Mazarin a rendu l'âme. Cette fois-ci il n'est pas déguisé en Abruzzien, en Romain, en Espagnol, en Français, en Jésuite, en amant, en capitaine d'infanterie, en amateur de chevaux, en cardinal ; il ne fait pas le mort : il l'est, malgré son fard, ses frisures, sa moustache relevée au fer, son rouge sur les lèvres, son fond de teint à la céruse, sa simarre écarlate. Il n'étonnera plus que posthumément, mais quelle surprise il réserve aux survivants naïfs, ce disciple de Gracian couché sur son lit de Vincennes (ce lit où Paul Delaroche nous le montrera, dans un tableau très 1840, jouant aux cartes avec ses nièces).

A peine les prières publiques venaient-elles de cesser dans toutes les églises de Paris (ce qu'on ne faisait que pour les rois) que le premier mot des ministres à Louis XIV fut :

— Sire, à qui devrons-nous désormais nous adresser ?

Cela voulait dire : Qui sera votre Premier ministre ?

Le roi leur répond simplement :

— A moi.

4

Avec ce mot, tout est dit.

Le Grand Siècle commence.

Chez le roi, chez un homme dont « l'esprit est au-dessous du médiocre » (Saint-Simon), il est permis de trouver cette réponse extraordinaire. Seul le ton surprenant que le roi, tout jeune, avait pris, cinq ans auparavant, pour donner ses ordres au Parlement, à cette fameuse séance de 1656 où il était entré botté, en costume de chasse (Voltaire ajoute le fouet), aurait pu donner à penser.

Le roi exige l'obéissance ; c'est sur l'obéissance complète, inconditionnelle, absurde, que se sont fondés les grands empires, mongol, inca, moscovite.

Jusqu'ici, Louis a toujours obéi, obéi à Mazarin dans ce premier projet de mariage avorté avec Marguerite de Savoie, obéi à la Reine-mère dans l'histoire de Marie Mancini, obéi au Cardinal, à Anne d'Autriche, à tous, dans la négociation de son mariage avec l'Infante.

C'en était fini d'obéir, il commandait. « Je n'ai plus cinq ans. » — « Je commençais, dira-t-il dans ses *Mémoires*, à jeter les yeux sur les diverses parties de l'État, et non pas des yeux indifférents, mais des yeux de maître. »

Que le jeune roi soit devenu en quelques instants un souverain absolu est impensable. Le cheminement souterrain de ce nouveau personnage s'expliquera après coup : ce fut l'œuvre de Mazarin, de ses leçons de Surintendant de l'Éducation du roi (on se souvient du modèle d'écriture de Louis enfant : *Les rois font ce qui leur plaît*) et surtout de ses dernières recommandations. Mais la capacité de secret de Louis XIV doit avoir été prodigieuse pour avoir surpris, non seulement toute la Cour, mais sa mère elle-même. On connaît le mot frappant d'Anne d'Autriche apprenant que son fils voulait désormais tout diriger : « Il se lassera bientôt de faire le capable. »

Un seul homme a compris le Roi, et ce sera l'origine de sa fortune : Colbert.

Quant au crédule Fouquet, enfermé dans son ardeur à vivre, il n'a pas assez regardé vivre autour de lui, ni vu venir le phénomène nouveau.

Mazarin — et c'est là sa grande œuvre — avait *fait* Louis XIV, le préparant à son « métier de roi », l'initiant à la conduite de l'État, lui inculquant le devoir de régner seul. Le vieil Italien avait le sens de la qualité et ne se trompait pas sur son élève. « Si vous le voulez, vous serez le plus grand roi qui fut jamais », à la condition qu'il se débarrasse des restes de la Fronde, qu'il soit anti-janséniste, anti-Fouquet et ne se fie « pour les plus grands secrets » qu'à Colbert. En le pleurant, le roi, qui ne l'aimait pas, pleurait son maître.

Le Cardinal ne se voulait pas de successeur ; jalousie posthume, sagesse politique ? En tout cas, il a conseillé Colbert au Roi, et déconseillé Fouquet. C'est que l'ambition du premier n'eût jamais pu se guinder jusqu'à cette première place qui paraissait ouverte au tout-puissant Surintendant.

Mazarin avait eu avec son confesseur théatin, le père Ange, cet entretien comique que rapporte Choisy : « Monseigneur, il vous faut rendre vos biens mal acquis.

— Mon Dieu, je tiens tout du Roi.

— Cependant, il faut distinguer ce que le roi vous a donné et ce que vous vous êtes donné à vous-même.

— Hélas, si cela est, il faut tout restituer ! »

Ayant fait son examen de conscience devant ses familiers, Colbert et Ondedei, le Cardinal donne à son confesseur, sous une forme dubitative, cette consigne empoisonnée :

« Ne faudrait-il pas conseiller au roi de chasser le sieur Fouquet ? »

Après quoi, ce merveilleux mourant soupire encore : « Hélas, je ne ressens pas assez la douleur de mes péchés. » Ainsi, de ses mains faiblissantes, il aura lancé la dernière et la plus mortelle flèche contre le Surintendant.

Les pages de Lomenie de Brienne sur la mort de Mazarin sont connues. Le Cardinal vient de rendre l'âme : « Le même jour, j'étais dans la garde-robe du Cardinal quand le roi entra, appuyé sur le Maréchal de Gramont et suivi du Maréchal de Villeroy, qui avait été son gouverneur et était du Conseil, de M. de Noailles, capitaine de quartier, et de moi, sous-secrétaire en mois. Le roi regarda le Maréchal sans ôter son bras de dessus son épaule et, l'embrassant, lui dit en pleurant : Maréchal, nous venons de perdre un bon ami. »

Louis XIV avait la larme facile. Aima-t-il Mazarin ? La Régente, dont on put voir pendant la Fronde qu'elle était prête à tout perdre, et même la royauté, plutôt que son amant, a dû mettre ses soins à faire naître dans le cœur de Louis un attachement indestructible pour le Cardinal. Les rapports entre le fils, la mère et le Premier ministre sont si étranges et si controversés, qu'il ne faut s'avancer que prudemment. Le roi eut-il l'âme assez haute pour pardonner à son éducateur, en faveur des excellentes leçons de politique qu'il en recevait, la mesquinerie de la vie qu'on lui avait fait mener ? « Un père qui aurait marié son fils sans lui donner l'administration de son bien n'eût pas agi autrement que Mazarin. On n'avait plus auprès du roi un accès libre : si quelqu'un était d'assez mauvaise grâce pour demander une grâce au roi, il était perdu... le roi, élevé dans une soumission aveugle... ne pouvait secouer le joug. »

Non seulement Mazarin refusait tout au roi, mais même il le volait, au sens précis du terme : La Porte a vu les mains vides du Cardinal s'emparer de cent louis d'or venus comme par miracle dans la poche de Louis XIV. « Le roi n'avait pas d'argent à distribuer aux soldats ; à peine était-il servi : il allait manger chez Turenne... » Mazarin, qui vivait dans un luxe princier, rationnait le roi comme l'intendant un seigneur obéré. Maurras appelle Louis : « Ulysse au milieu des prétendants. » Et Brienne : « Mazarin donnait de mauvaise grâce et toujours le moins qu'il pouvait. Il ne laissait au roi qu'une vieille robe de chambre et une paire de draps dans lesquels passait le pied. » Demande-t-on une faveur au jeune monarque, il ne peut qu'en référer à Mazarin et répondre piteusement : « Je lui en ai parlé, mais cela n'a servi à rien » (La Porte). Mazarin est véritablement « l'usufruitier du royaume » (Lavisse).

Le roi a donné quelques larmes à Mazarin, mais

il est le seul ; sauf lui, qui donc pleure « le Vilain »
comme l'appellent les Princes, « l'ignorantissime »
comme dit Retz scandalisé de son incapacité en matières publiques ? Anne d'Autriche elle-même, vers la
fin, lui échappa « bien qu'ils fussent, écrit la Palatine,
unis par quelque acte secret » dont rien ne transpirait
qu'une mauvaise humeur conjugale. « Il raisonne à
faux » dit Fouquet et, au retour du Cardinal, en 1652 :
« Notre homme est toujours le même, mais encore pire
qu'il n'était. » Un patelin exécré, pense le peuple,
dont l'amabilité engluante écœure, comme ces confi-
tures qu'il offrait aux conseillers municipaux de Paris ;
un lâche qui ne trouve un peu de courage « que s'il le
faut absolument », « un gredin de Sicile » (Condé),
« un couillon qui ferait mieux d'aller en Turquie, où
d'ailleurs il se ferait circoncire » (Gui Patin).

Sa dernière recommandation au roi sera, après un
éloge de façade, une totale condamnation du Surintendant : « Surveillez Fouquet », en révélant, prétend
Colbert dans ses *Mémoires*, « le détail de la mauvaise
conduite du Surintendant ».

Cependant, si Mazarin n'est pas Richelieu, il n'est
pas non plus le *facchino* dépeint par ses innombrables
ennemis ; polichinelle, si l'on veut, mais polichinelle
qui ne livra pas son secret. Ce fils d'un maquignon
de l'Italie méridionale a le petit génie local du paysan
italien, infiniment plastique et qui, si le destin s'y
prête, peut grandir démesurément. Jusque dans sa
boutique, jusque dans sa famille, l'Italien est un
être de manège et de manœuvre : c'est l'Oriental de
l'Occident. Italien d'origine, Espagnol de nationalité,
Français d'adoption, Mazarin sera l'homme-frontière,

soldat et négociateur, cardinal et civil, amant et serviteur, Premier ministre et parrain d'un Roi. Richelieu l'appelle en France, simplement parce que, depuis longtemps, la France fait tout venir d'Italie ; il arrive comme un de ces peintres ultramontains, spécialistes de stucs et de ciels de plafonds, par une pente naturelle, la vallée du Rhône, par où nous sont venus les Évangiles, par le grand Chemin de la civilisation (sans parler du mal de Naples). Cet artiste italien est expert en trompe-l'œil. Il séduit Louis XIII ; se rend indispensable à Richelieu qui lui fait avoir le chapeau de cardinal et le présente à la Reine comme son futur successeur.

Et le soir de sa mort, Louis XIV couchera près de lui à Vincennes, sur un petit lit...

Ce prodigieux manœuvrier n'a jamais rien demandé et toujours juré que sa seule ambition était de se retirer à Rome. Personne n'a mieux su se faire prier. A tour de rôle, pendant vingt ans, tous le supplient de rester. Qu'il ait été l'amant ou l'époux morganatique d'Anne d'Autriche, peu importe : Mazarin est l'amant de la France ; il a joué sa vie sur elle et il a gagné. Que Louis XIV, qu'il a tenu sur les fonts baptismaux, l'aime ou non, peu importe. Mazarin lui a légué, non pas ses milliards, mais une royauté de droit divin et une France soumise, domptée, maîtresse de l'Europe. Ce n'est pas que cet étranger ait le sens national, mais il a intensément le sens de la vie, et il sait, au plus profond de son être, que l'Autriche et l'Espagne, c'est la vie d'hier et que la France, c'est la vie de demain. La révolution de l'Astre, en ce matin de mars 1661, va stupéfier l'univers : seul Mazarin n'en serait pas surpris ; c'est son chef-d'œuvre ; grâce à lui, Louis sort brusquement de cette foule de rois qui n'ont pas compté dans l'Histoire.

« Jamais, dit Voltaire, il n'y eut plus d'intrigues que durant l'agonie de Mazarin. Les femmes qui prétendaient à la beauté se flattaient de gouverner un prince de vingt-deux ans... Les jeunes courtisans croyaient renouveler le règne des favoris. Chaque ministre attendait la première place. Aucun d'eux ne pensait qu'un roi élevé dans l'éloignement des affaires osât prendre sur lui le fardeau du gouvernement. Mazarin avait prolongé l'enfance de ce monarque autant qu'il l'avait pu. » Mais, n'en déplaise à Voltaire, il a rendu au Roi le plus grand des services en lui léguant, non pas le produit de ses rapines, mais le fruit de ses réflexions. Elles tiennent en deux mots : « Soyez un roi qui gouverne » et « N'ayez pas de Premier ministre ». (Sous-entendu : Je vous ai formé, je vous sais capable de me remplacer.) La fameuse phrase sur Colbert, même apocryphe (« Sire, je vous dois tout, mais je crois m'acquitter en vous léguant Colbert »), indiquait la voie à suivre : pas de Fouquet, mais un Colbert, ce Colbert qu'on ne connaît pas, qui n'est encore que « le domestique de Monsieur le Cardinal », mais que Fouquet connaît trop bien. Fouquet n'ignore rien des espions dont Colbert l'entoure et il a intercepté le terrible rapport du 1er octobre, qui est comme le brouillon de ce que sera plus tard l'acte d'accusation. Fouquet avait aussitôt pris les devants et affronté le Cardinal qui venait, se rendant à Saint-Jean-de-Luz pour le mariage du roi, de lui faire visite à Vaux, admirant les canalisations des futurs jets d'eau et profitant de l'occasion pour emporter des tapisseries contre les courants d'air du voyage et de l'argent pour ses frais de déplacement.

Fouquet, donc, le rapport à la main, paya d'audace, courut à Saint-Jean-de-Luz, sans attendre le rendez-vous que Mazarin lui avait fixé à Toulouse, sur la route de retour, et se plaignit de Colbert à si hauts cris que le Cardinal promit de forcer son « domestique » à faire des excuses au Surintendant.

Le Cardinal était pris dans un dilemme : chasser Fouquet, c'était se priver de son crédit, donc d'argent liquide ; fermer les yeux, c'était avaliser le désordre des finances (sur lequel, d'ailleurs, Fouquet prépara un projet de réformes qu'il proposa, en une lettre, à la Reine-mère en l'amitié de qui il croyait encore parce que, fait rare, il lui payait régulièrement sa pension).

Ce problème, le Cardinal devait le résoudre... à retardement, après sa mort.

Si toute vie est précaire, que dire de celle de Fouquet ? Il y a deux ans, il a failli mourir ; il a entrevu, et tous avec lui, la fragilité de sa fortune, le désordre de ses affaires. (Un confident anonyme avait dit, à ce moment : « Si Fouquet meurt, il laissera les siens dans une pauvreté ridicule. ») A peine, l'avait-on cru menacé dans sa santé que tous les traitants avaient pris peur ; l'État n'avait plus trouvé un sou ; c'était flatteur, mais effrayant.

Ce matin de mars, le Surintendant entre, confiant,

dans le parc de Vincennes, cette ancienne forteresse
que Mazarin vient d'aménager en résidence. Fouquet
sent que son heure va sonner, car le Cardinal est au
plus mal. Le moment est-il pour lui venu de se
reposer à Saint-Mandé, y lire les trente mille volumes
de sa bibliothèque, ou de devenir Premier ministre ?
Cent fois, il a demandé à Mazarin « de l'ôter des
finances » ; il a longuement écrit à Anne d'Autriche
pour confesser son dégoût ; personne ne lui sait gré de
ses prouesses financières, mais personne n'admet
qu'il abandonne le grand cirque. Les hommes de
lettres sont pendus à son habit :

> *Ton zèle infatigable à servir ton Grand Roi,*
> *Ta force et ta prudence à régir tout emploi...*

Après Corneille, La Fontaine et Mlle de Scudéry,
tous viennent accorder leurs élégies sur le thème
commun : « Si le Surintendant s'en va, qu'allons-nous
devenir ? »

Ses rapports avec Mazarin sont, à cet égard, ty-
piques ; le Cardinal le déteste et ne veut pas le lâcher.
C'est le court résumé d'une longue suite de rapports
coupés, difficiles, méfiants ; une haine cardinalesque
plus couverte à son égard, mais non moins implacable
que celle que, pour lui, ressent Colbert.

Fouquet vit dans un petit grand monde où tous se
haïssent ; la Cour est un inextricable marché de mauvais et de bons procédés. Paris est ce qu'il sera toujours,
une ville où tout le monde a envie de tuer tout le
monde. Anne d'Autriche dit de Mazarin : « Cet

homme ne sera-t-il jamais soûl d'or et d'argent ? »
Le Cardinal soupire : « Cette femme me fera mourir...
Il lui faudra toujours un homme. » C'est à qui vomira
le prochain, quitte à ravaler son vomissement ;
Louis XIV révère en apparence le Cardinal, mais,
lorsque enfant il se contrôlait moins, il disait dans le
dos de son parrain : « Voici passer le Grand Turc »
(La Porte). Colbert, le plus tartufe de tous, laisse
entendre que Fouquet est paresseux et futile : « M. le
Surintendant est presque toujours à Vaux » ; « Si on
lui ôtait le goût des bâtiments et celui des femmes, il
serait un grand homme », répète Mazarin au roi. Mais
ceci n'est encore rien ; en fait de jalousies, on en verra
bien d'autres, à Versailles.

Le donjon de Vincennes grandit, à mesure que
Fouquet en approche ; combien y ont été enfermés,
depuis des siècles, pour avoir trop eu confiance...
Pourquoi Mazarin a-t-il choisi Vincennes, alors qu'il
possède le palais Mazarin, à Paris, et le Louvre,
comme pied-à-terre ? Parce que son âme damnée,
Colbert, le lui a conseillé ; il y a mis son trésor, cinquante millions, en sûreté, derrière les mousquetaires
et les bêtes fauves des fossés. Mais aussi parce qu'il
peut, à la fois, y surveiller Fouquet et l'appeler à
l'aide, en quelques minutes, de Saint-Mandé, lorsqu'il n'a plus d'argent.

Le Surintendant revoit, en quelques instants, le
cheminement de ses acides et mielleux rapports avec
l'ingrat Cardinal : les services qu'il a rendus pendant
la Fronde à Mazarin exilé ou fugitif ; comment il lui
a sauvé sa bibliothèque, ses meubles ; combien de fois
il a fait pencher le Parlement en sa faveur ; les mul-

tiples conseils, les incalculables sauvetages financiers
que lui doit Mazarin, les innombrables abus de confiance, trafics et escroqueries mazarines qu'il a couverts
de son autorité. Leur histoire commune est une
longue suite de brouilles et d'apparentes réconcilia-
tions, sans amour, ni estime : la fureur de Mazarin,
en 1659, lorsque Fouquet exige de lui des reçus ; l'idée
baroque de l'Italien de vouloir lui ravir, à lui, Fouquet,
la Surintendance, idée à laquelle il renonça, Colbert
lui ayant dit « qu'il ne pourrait jamais retenir l'hor-
rible corruption ».

Toute la correspondance de Mazarin avec Fouquet
n'est qu'une alternance de louanges outrées, perfides,
napolitaines, et de reproches financiers : « On ne le
rembourse pas, on le rembourse mal », etc...

Fouquet, qui se savait irremplaçable, prenait la
haine de Mazarin pour de l'humeur ; c'était mal con-
naître l'Italien ; Fouquet a toujours fait peur et honte
à Mazarin ; le Cardinal a peur d'avoir à se souvenir
que c'est grâce à Fouquet et à son action sur le Parlement qu'il est rentré dans Paris ; il a honte de s'être
humilié ; honte de se rappeler les louanges qu'il a dû
prodiguer dans ses visites à Vaux, avec la Reine-mère
ou avec Monsieur ; il a peur de ce Surintendant qui
fait surgir l'argent de terre, qui possède Belle-Isle et
tient toute la Bretagne ; Mazarin a peur que Fouquet
ne dise tout ce qu'il sait, ne sorte en temps voulu des
petits papiers (c'est pourquoi il déteste donner des
reçus) ; il a peur des succès de cet homme ; peur de la
faveur royale ; peur de tous ces fils que Fouquet tient
en main, grâce à ses distributions de pensions avouées
et de subsides secrets ; peur enfin de la cabale de ces

beaux esprits français, qui lui ont toujours échappé, en le moquant, et qui adorent Fouquet ; il en a, en somme, cette peur naturelle que l'Italien a du Français ; il a peur de l'indépendance du Surintendant, lui à qui l'indépendance, cette suprême richesse, sera la seule refusée.

Fouquet sait parfaitement tout cela ; mais lui qui connaît si bien la valeur des choses, il ne pèse pas au juste titre le poids de la haine du Cardinal mourant. Aveuglement ou vanité, il se flatte, en entrant à Vincennes, en ce matin du 9 mars 1661, d'être le futur Premier ministre, même si Mazarin ne l'introniste pas, ne le recommande au jeune roi que du bout des lèvres ; il est certain d'avoir distancé tout le monde : le roi ne pourra éviter de l'appeler au pouvoir.

Fouquet lève la tête ; devant lui, il aperçoit le jeune Brienne, fils d'Henri Auguste de Loménie de Brienne, le ministre.

— Monseigneur, lui dit, hors d'haleine, le jeune Henri Louis, j'allais chez vous, à Saint-Mandé... sachez qu'à l'aube Monsieur le Cardinal a rendu l'âme...

A quoi sert d'avoir tant d'espions, pour être le dernier à apprendre l'immense nouvelle ?

— Je viens vous chercher de la part du Roi, ajoute Brienne.

Il s'apprête à raconter au Surintendant les derniers moments de Mazarin, mais Fouquet l'écarte :

— Le roi m'attend, et je devrais être là ! J'aurais dû être là un des premiers.

VIII

UN MÉCHANT HOMME DE BIEN :
COLBERT

Un commis, avec son sac de velours noir, plein de papiers, et sa méchanceté de velours noir. Depuis ma douzième année, je le vois comme dans Alexandre Dumas, qui, d'ailleurs, utilise Choisy : « D'une taille médiocre, l'œil enfoncé, la mine basse, le cheveu gros, noir et rare, ce qui lui fit prendre de bonne heure la calotte ; un regard plein de sévérité, une sorte de raideur, *un garçon d'ordre...* » Du génie dans l'ordre et de l'ordre dans la méchanceté ; cet ordre qui, pendant l'agonie de Mazarin, assoit Colbert à une petite table et lui fait relever les noms des visiteurs ; l'ordre, sa passion unique, une application exaspérante ; le détail ennuyait Fouquet ; c'est dans le détail que Colbert triomphe ; c'est par là qu'il a son crédit auprès de Mazarin et qu'il s'élargit jusqu'au Roi ; au Cardinal, il n'expose pas de vues d'ensemble : il lui commande des bottes fourrées et une robe de chambre. Une prodigieuse continuité dans le dessein et une concentration non pareille. Dès qu'il a condamné Fouquet, en son for intérieur, son plan est fait : constituer un tribunal d'exception pour le juger, avec recherche rétroactive des abus ; cette chambre ardente, il l'attendra dix ans, mais il l'aura, et elle aura Fouquet.

Ses armes sont à la couleuvre (*Coluber* = Colbert) en pal tortillé d'azur. Non pas une couleuvre, mais un terrible serpent au dard perçant, dressé sur sa queue. Sorti de l'échoppe de drapier *Au Long Vestu*, Colbert se piquera naturellement d'une grande naissance ; il « a, là-dessus, un furieux faible » (Choisy). Il s'invente des ancêtres écossais, les Kolbert, venus d'Écosse au XIIIe siècle, et, détail bouffon, se fabrique une fausse pierre tombale devant laquelle il force son gendre, authentique gentilhomme, à s'agenouiller. Après quoi, de sa haute lignée « les preuves s'en trouvèrent chez d'Hozier qui était en réputation de créer des généalogies à ceux qui le payaient bien » (abbé Legendre).

Cet homme épineux, sans éclat, à jeu couvert, d'une ambition damnable, on le verra ramasser une à une toutes les idées de Fouquet ; les opérations sur les rentes, sur les fermes, l'allégement des tailles, les dégrèvements, les grandes manufactures, la politique navale et coloniale ; bref toutes les idées et les vastes réformes qui feront sa gloire posthume, il les a prises à Fouquet, comme Louis XIV lui a pris ses poètes, ses livres et ses caisses d'orangers.

Formé par Richelieu, Colbert est entré au ministère de la Guerre, puis il a chiffré les dépêches de Mazarin. (Il a cette qualité de tous les chiffreurs professionnels, le culte du secret.) Avare et avide, son premier geste, qui eût ravi Stendhal, sera de refuser une gratification de mille écus, que le Car-

dinal lui offre. Mais trois mois plus tard, il est déjà
candidat à tout ; il achète une charge et la revend
aussitôt avec bénéfice ; il lui faut un régiment pour
un frère, la direction des prises de mer pour un cousin, un bénéfice pour un de ses fils. Le voilà même
candidat à la charge de capitaine des volières des
Tuileries ; celles qu'il ne peut garder, il les négocie,
ou pour lui ou pour Mazarin, à qui il écrit :
« Pour vos charges d'intendants, je n'ai trouvé aucun
marchand qui ait voulu conclure à douze mille écus ; je
les fais annoncer partout. »

Mazarin avait commencé par « lui tourner le derrière » et Colbert, commissaire des troupes, ne lui
avait pas pardonné : « Je ne souffre qu'avec beaucoup
de peine et de répugnance ces sortes de traitements,
et particulièrement d'un homme pour qui je n'ai
aucune estime. » Mais Mazarin, qui ne parlait politique qu'à sa guenon, est obligé de s'accommoder
d'un Colbert « qui pense continuellement aux affaires »
et qui, à toute occasion, « sort le portefeuille » (le dossier). Quand Mazarin, jouant la comédie de l'indignation, reproche à Colbert ses accusations contre
Fouquet, Colbert répond : « Mais je n'ai fait que
résumer tout ce que vous m'avez dit contre lui. » Et
sublime : « Je ne souhaite la place de personne! »

Quel étrange personnage que Colbert et sa *maxime
de l'ordre*, opposée à la *maxime de la confusion* de son
ennemi. Sa haine contre les rentiers, sa passion pour
les *états au net* ; son sens de la justice sociale ; si inex-
tricablement liés en lui l'amour du bien public et la
haine des possédants qu'il sera jusqu'au bout impossible de déterminer ce qui l'emporte. Seize heures

par jour de travail, et voulant faire travailler la France entière à ce rythme-là. Son « peu de goût pour le commerce des dames »; son caractère affreux, «colérique, rogue, méchant et insociable ». Le célèbre mot de Mme de Sévigné le résume entier : « Colbert, c'est le Nord. »

Un tel homme pouvait-il ne pas haïr Fouquet? Sa naissance était humble, celle de Fouquet distinguée; il était entré aux Finances par la porte de derrière, Fouquet par la cour d'honneur; il besognait dans les bureaux, Fouquet travaillait chez lui en s'amusant. Comment pardonner à Fouquet sa célébrité, sa fortune, son charme, son labeur agile, son esprit prompt, ses tapisseries, ses poètes et sa bibliothèque dont Colbert ne pourrait même pas se servir, ayant fait de petites études?

Fouquet est un personnage de Stendhal. « On lit dans Beyle qu'il eût aimé de traiter les grandes affaires en se jouant... » « Un État qui n'a pas quelques improvisateurs en réserve est un État sans nerfs » (Paul Valéry).

Colbert est un héros de Balzac : « Courage incroyable devant ces montagnes de dossiers... Ces monstres de besogne... de cupidité, de sécheresse, d'hypocrisie et d'envie... » (Paul Valéry).

Mais l'étonnant de l'histoire, c'est que l'obscur Colbert se soit imposé au Roi-Soleil et l'ait, en cette affaire du moins, contaminé de sa bassesse.

Colbert a été d'abord en bons termes avec Fouquet; il ne pouvait se permettre de ne pas l'être, avec un aussi grand personnage : « cet homme de naissance et de mérite, dit-il, capable d'entrer un

jour dans une charge considérable ». Il a eu « beaucoup d'estime pour lui »; cette estime durera jusqu'en
1655, « mais quand Fouquet a été maître des finances,
que je l'ai vu amasser, dilapider et corrompre... » dit
son fameux *Mémoire* du 1ᵉʳ octobre 1659, ce mémoire
écrit « sans envie de nuire, ni autre fin indirecte »,
c'en sera fini de cette estime!

Admirable mémoire du 1ᵉʳ octobre! on y sent
Colbert vivre, haïr comme il respire ; lui, silencieux, soudain éloquent à décrier : « Votre Éminence trouvera ci-joint un mémoire *qui m'est échappé
des mains...* (hypocrisie)... quoiqu'il ne contienne
que les ombres d'une connaissance dont Votre
Éminence a toutes les lumières » (flatterie), « Votre
Éminence verra combien il est important que ce
mémoire reste secret » (délation)... « L'ancien Conseil
des Finances a disparu... » (euphémisme ; lire :
Fouquet trafique désormais librement). « Plus de
registres tenus ; anciennes créances sans valeur que
Fouquet se fait payer comptant » (médisance)...
« Avec cet argent, Fouquet a acheté tout le monde... »
(envie). « C'est le pillage, le peuple est écrasé et
seul à payer... » (civisme sentimental).

Ce mémoire, adressé à Saint-Jean-de-Luz, où
habitait le Cardinal, pendant la cérémonie du mariage royal, avait été intercepté à Bordeaux par
M. de Nouveau, surintendant des postes, à la solde
de Fouquet, lu et recopié la nuit, en hâte, par
Gourville et son maître.

Fouquet ne se vengera pas, même à une époque
où il pourrait briser ce petit intendant. Il n'avoue
pas leur déconcert. Il le ménagera jusqu'à la fin ; il

reconnaît que Colbert lui a donné de bons conseils ; « il ne demande qu'à vivre bien avec lui ».
On se demande s'il n'en a pas peur. A ces avances,
Colbert fait répondre sans politesse « qu'il avait eu
de l'amitié pour lui, tant qu'il l'avait cru honnête ».

Voilà Colbert à l'affût, guettant Fouquet, « avec
son visage naturellement renfrogné, ses sourcils
épais et durs qui lui faisaient un premier abord
sauvage et négatif » (Choisy) ; le contraire du Surintendant, « charmant, joli, avec une perversité dans
la caresse du regard » (Sainte-Beuve). La correspondance de Colbert, dans les années précédant
1661, est pleine d'allusions désagréables à Fouquet : « Il a administré les Finances avec une
profusion qui n'a pas d'exemple... » « Je l'ai averti... » « Il a acquis des amis, mais perdu de l'estime... »
« J'ai essayé de le faire changer de conduite, il re-
tombe dans les mêmes désordres... »

L'idée du roi, de feindre une réconciliation avec
Fouquet pour mieux le surprendre, est de Colbert.
Par-dessus tout, la manœuvre diabolique, qui con-
siste à appâter Fouquet par une éventuelle nomination de Premier ministre et un collier de l'Ordre, et
de l'amener ainsi à vendre sa charge de Procureur
au Parlement, est de Colbert, bien que Louis XIV
l'ait faite sienne. Les états faux présentés par
Fouquet chaque jour au roi, Colbert les révisait
chaque nuit et faisait ressortir l'incorrection du
Surintendant, reconstituant les vrais chiffres, préparant l'assaut final : « Il faut tenir cette pensée
extraordinairement secrète, autrement le coupable
brûlera ses papiers. »

C'est pendant une visite de la reine-mère à Dampierre, chez la duchesse de Chevreuse, cette vieille courtisane chevronnée, que fut monté le complot. « C'est à Dampierre que la perte de M. Fouquet fut conclue, et on y fit ensuite consentir le roi » (M\ me\ de La Fayette, *Histoire d'Henriette d'Angleterre*). Anne d'Autriche et la duchesse de Chevreuse étaient des amies ennemies ; la duchesse, sempiternelle fraudeuse, complice de la reine mère dans l'intrigue de Buckingham, ruinée par ses enfants, était poussée par son amant Laigues, qui haïssait le Surintendant.

Que reprochait-il à Fouquet, ce couple étrange ? Laigues, « petit gentilhomme limousin à cinq mille livres de rente » (Mazarin), et cette vieille duchesse dont Bussy-Rabutin a laissé cet étonnant portrait : « Chevreuse est une grande place, fort ancienne, pour le présent toute délabrée, dont les logements sont tout découverts ; elle est néanmoins assez forte du dehors, mais de dedans mal gardée ; elle a été autrefois fameuse et fort marchande... ; maintenant la citadelle est toute ruinée par la quantité de sièges qu'on y a faits pour la prendre. On dit qu'elle s'est souvent rendue à discrétion... Elle a eu plusieurs gouverneurs. Elle en est mal pourvue à présent, car celui qui est en charge n'est bon à rien. »

La Chevreuse commença par saper la confiance de la reine-mère envers Fouquet, puis amena celle-ci à ne plus intervenir en sa faveur auprès du roi, et enfin à le desservir carrément (ce qui n'empêcha pas Anne d'Autriche de jouer double jeu et d'avertir en même temps Fouquet des mauvaises intentions de la duchesse de Chevreuse). De son côté, Colbert, d'une sûreté inébranlable dans la vengeance, « creuse sa mine ». « Il débrouilla tous les embarras que le Surintendant et l'Épargne avaient mis exprès dans les affaires, pour y pêcher en eau trouble » (Choisy).

Ceci, mêlé à l'amour du roi, et au nom de cet amour. « Il n'y aura plus que deux chapitres, l'un des revenus de Votre Majesté, et l'autre de Sa dépense. Tous les premiers de l'an, il sera présenté à Votre Majesté un agenda où Ses revenus seront marqués en détail, et chaque fois que le Roi signera des ordonnances, je ferai souvenir à Votre Majesté de les marquer, pour qu'Elle sache combien il reste de fonds ; au lieu que dans les temps passés... »

Dans les temps futurs, tout va changer : les fonctionnaires seront à leur bureau à cinq heures et demie du matin ; on dressera les listes de proscriptions, avec cinq cents noms de traitants à arrêter ; le roi aura tout l'argent qu'il lui faut à sa disposition. Sous l'influence de Colbert, on entendait maintenant le roi déclarer ouvertement : « Il faut purger le siècle. » Désormais, sus à Fouquet : la bête était courable.

IX

LOUIS XIV OU L'ÉCONOMIE
DE DROIT DIVIN

Ici, Louis ne sera examiné que par rapport à Fouquet. Mais que cet angle est lumineux! « Nous ignorons tout de sa vie intérieure » disent ses biographes ; voilà qui excite l'esprit. Ce monarque cadenassé nous laisse entrevoir son secret.

Louis XIV fut d'abord, comme Louis XIII, un grand timide, gêné vis-à-vis de Mazarin qui lui refuse tout, pudique et contraint vis-à-vis des femmes, dont il a un intense besoin physique, emprunté vis-à-vis des jeunes nobles de son âge, les « impertinents » : Guiche, Rohan, Lauzun, Wardes, Lesdiguières... S'est-il jamais dit que les Bourbons (« cadets chanceux » écrit La Varende) sont de moins bonne race, ou plutôt de moins pure descendance, à cause de la tache Médicis, celle de l'apothicaire florentin, que les Lorraine, les Rohan, les Habsbourg, les Wittelsbach? (Faute des quartiers de noblesse requis, les filles de France n'avaient, par exemple, pas accès au chapitre des chanoinesses de Remiremont.) Et quand fut célébré le mariage avec l'Infante, dans l'île des Faisans, les rigides Castillans, de noir vêtus, traitèrent avec dédain les Français trop chamarrés.

Le sang espagnol de Louis ne supporte pas cela ; cet orgueilleux fabriquera donc très tôt son personnage ; il commence par couvrir son embarras d'un air aisé. Même son hagiographe Louis Bertrand avoue « qu'à force de travail et d'empire sur lui-même, Louis arrivera à donner l'impression de la grâce innée ». Louis est un personnage faustien, devenu apollinien à la force du poignet. Déjà, avec Marie Mancini, il se déguise en cavalier de *L'Astrée* et en homme du bel air.

La colère est un révélateur unique : Louis XIV, enfant, entrait dans des rages folles ; ensuite, le sens de la mesure, l'horreur du scandale furent les plus forts. Toujours sur ses gardes, Louis le Grand ne se livrera plus ; mais dans l'Affaire Fouquet il laissera pour la dernière fois éclater son courroux et se montrera lui-même.

Fouquet a l'argent ; cela est difficile à pardonner : au jeune Louis, avide de puissance, il faut d'abord, tout de suite, de l'argent, pour ses maîtresses, pour les guerres, pour Versailles naissant, pour donner confiance, pour avoir confiance en soi. Louis adorera la richesse, les dorures, et de plus en plus. Lorsqu'il commandera à Colbert une cassette de bijoux pour la Montespan « qui ne veut pas entendre raison sur les présents » (jouant à merveille, comme tant de femmes, la désintéressée), c'est Louis qui pousse à la dépense : « Des diamants ! Il faut qu'ils soient *beaux*, je veux que le collier de perles soit *beau*... des pierres de toutes les couleurs, *pour pouvoir en*

changer », etc... Ce goût du diamant, c'est Fouquet
qui le lui a transmis, car Mazarin, on l'a vu, avait
fait le vide dans la cassette royale. « A sa mort, dit
Voltaire, en parlant des joyaux de la Couronne, il
n'y en avait pas pour cent mille écus. Mazarin n'en
laissa que pour douze mille et aujourd'hui, il y en a
pour vingt millions de livres », et Voltaire ajoute :
« Après la vie sombre et retirée de Louis XIII, ce
prince malade et chagrin, n'ayant été ni servi, ni
logé, ni meublé en roi... », Louis XIV avait connu,
lui aussi, les draps troués et les vêtements minables.
Le futur maître de l'Europe va découvrir avec fé-
rocité qu'il est dépossédé de son droit d'aînesse et,
comme il s'identifie à la France, que la France, en
lui, est volée. Et ce n'est pas Mazarin qui lui semble
le responsable, mais Fouquet. Colbert excite le Roi,
lui expose les principes du colbertisme, c'est-à-dire
qu'à côté de la royauté de droit divin, il faut créer
une économie de droit divin où le bien de chaque
sujet appartient à l'État, c'est-à-dire au roi. Vaux,
œuvre d'innombrables Français, doit appartenir à
la France, donc au roi. La magnificence (chez Fouquet, elle est naturelle, ce qui déplaît au roi, toujours
apprêté) sera prohibée ailleurs qu'à Versailles. Le
faste, étymologiquement c'est le faîte : que Fouquet
en descende!

Il est interdit de... c'est la devise des autocraties.
Il est avant tout interdit, quand on n'est pas le roi,
de vivre de manière souveraine. Au suprême du
bon goût, il n'y a de place que pour un seul homme,
comme sur le trône. L'éclat de Louis, à mesure
qu'il s'élève, s'offusque de l'élévation de ce Surin-

tendant à qui l'on donne du Monseigneur. Vaux
n'est pas un château, c'est un palais ; ses fêtes obs-
curcissent toutes les autres. Est-ce en pensant à
Vaux que Massillon dira un jour : « Tout ce qui
brille plus que nous, nous blesse ; tout ce qui nous
efface nous trouve inexorable »? Inexorable, le
ressentiment du roi : Louis XIV contre Fouquet,
c'est le pauvre contre le riche. Fouquet regorge, il
faut qu'il dégorge ; et Louis lui prendra tout, ses
clients, ses fournisseurs, ses protégés, ses amis ; il
lui prendra Molière et La Fontaine (malgré la fidélité de celui-ci), il lui prendra Le Brun, Mignard,
Le Nôtre, Le Vau, La Quintinie ; il lui prendra ses
tisserands du village de Maincy et il en fera les
Gobelins ; il lui confisquera ses treize mille volumes,
exquisement choisis, qui deviendront la Bibliothèque
royale : Louis se venge de n'avoir, un moment, été
que l'ombre de Fouquet ou, comme dirait Cham-
fort, que son clair de lune.

Ces survivants de la Fronde se croyaient tout
permis ! *Quo non ascendam !* cri de guerre du blason
de Fouquet. Parce que le Roi l'interdit, il ne s'élèvera plus. Fouquet n'avait droit qu'à une montée
discrète. Trente-six douzaines de services de table
en or, ce n'est plus du luxe, c'est de la splendeur.
Fouquet sera jugé et condamné pour crime de lèse-
splendeur. Fouquet va être déclaré coupable de faste.

X

« LA FACE DU THÉÂTRE CHANGE »

Les ministres réunis par le roi, à Vincennes, en ce matin du 9 mars, sont le Chancelier Séguier, les ministres d'État Le Tellier, Lyonne, Loménie de Brienne, Duplessis-Guénégaud, La Vrillère, Fouquet. Louis Henri Loménie de Brienne nous présente ainsi, dans ses *Mémoires*, le roi nouveau style : «Messieurs, dit le Roi, jusqu'à présent, j'ai bien voulu laisser gouverner mes affaires par M. le Cardinal ; il est temps que je les gouverne moi-même... »

Ce 9 mars est passionnant ; il contient tout l'avenir, y compris la ruine de Fouquet ; ces quelques mots éclairent la personne du Roi dont la mystérieuse impénétrabilité fera un personnage shakespearien, bien plus qu'un héros de fêtes ou de batailles ; l'homme qui sera capable de haïr un Fouquet pendant vingt ans, de le poursuivre, sans un moment de pitié, d'un ressentiment atroce, n'est certes pas une âme ordinaire. Peut-être cette haine était-elle insufflée par le démoniaque Colbert, mais il l'a faite sienne, il la grandit, comme tout ce qu'il touche, elle devient une animadversion splendide et, com-

parée aux finesses de Mazarin, aux guets-apens de
Colbert, une détestation royale.

La première séance du Conseil a lieu. On peut
en lire le récit dans Brienne, mais il y faudrait un
Saint-Simon.

Le roi lui avait dit : « Avertissez M. le Chancelier
et MM. les Secrétaires d'État de se trouver au
Conseil extraordinaire que je veux tenir à sept heures
du matin... et... *allez dire à M. le Surintendant que
je l'attends et veux lui parler.* » (Il y a là plus
qu'une nuance.)

« Nous étions huit en tout... Le roi se découvre
et, debout devant sa chaise, adressa la parole à M. le
Chancelier. " Messieurs, je vous ai fait assembler...
pour vous dire que jusqu'à présent j'ai bien voulu
laisser gouverner mes affaires par feu M. le Cardinal ;
il est temps que je les gouverne moi-même. Vous
m'aiderez de vos conseils quand je vous le deman-
derai... " Ensuite, le Roi se tourna vers nous et nous
dit : " Et vous, mes Secrétaires d'État, je vous dé-
fends de rien signer, pas une sauvegarde ni passeport,
sans mon ordre, de me rendre compte chaque jour
à moi-même, et de ne favoriser personne dans vos
rôles du mois. " (Il les garde donc à son service.) Puis,
se tournant vers Fouquet : " Et vous, monsieur le
Surintendant, je vous ai expliqué mes volontés... "
(Ainsi le Roi a fait venir Fouquet la veille, et lui a
dit, seul à seul, ce qu'il rend maintenant public.) " Je
vous prie de vous servir de Colbert, que feu Monsieur le Cardinal m'a recommandé ". »

Voilà le nom de Colbert prononcé : Fouquet est
menacé. Et que dire de la dernière phrase prononcée

par le roi : « La face du théâtre change ; j'aurai d'autres principes dans le gouvernement de mes États et *dans la régie de mes finances* » ?

Désormais, le Surintendant ne sera plus de tous les Conseils. Il y viendra quelquefois, à titre consultatif. Fouquet est reçu à part, « les après-dîners étant consacrés aux Finances » disent les *Défenses*. Fouquet est plus que menacé, il est perdu.

Depuis plusieurs années Fouquet est malade, ayant contracté, sans doute sur les chantiers, une fièvre intermittente. C'est aussi par intermittence qu'il est sujet à de courtes dépressions. Il s'attendait à être appelé à la succession du Cardinal, puisqu'il est le seul à pouvoir l'assumer, mais il commence à avoir quelques doutes, tour à tour confiant de toute la confiance publique qu'il inspire aux financiers, et méfiant du terrain peu sûr sous ses pieds : les glissants parquets du Louvre. Pourtant, le roi, loin de restreindre ses attributions, les étend, le charge de négociations diplomatiques avec l'Angleterre, la Pologne et la Suède. Pourtant Pellisson écrira, dans son *Histoire de Louis XIV*, que, dans les deux mois qui suivirent la mort du Cardinal, Louis XIV n'eut que de l'estime et de la complaisance pour l'esprit élevé et fécond en expédients du Surintendant. C'est que personne n'a encore mesuré la profondeur de la dissimulation royale. Fouquet ne voit pas les pièges ; le « il y avait là un piège », petite phrase qui revient si souvent dans Retz, lui est inconnu.

De tous côtés, Fouquet reçoit des conseils de prudence : « Ayez soin de votre sûreté, plus que

vous ne faites » lui écrit Mme d'Huxelles. Par une
entremetteuse, La Loy, il soudoie des filles d'honneur
de la Cour, Mlle de Bosleux, Mlle de Fouilloux,
d'autres, anonymes, qui le tiennent au courant de
ce qui se passe, à Paris ou à Fontainebleau. Mlle de
Menneville, fille d'honneur dont il rétribue les
informations, et qu'en outre il cherche à marier
(car le Surintendant était aussi marieur), le renseigne
sur l'état d'esprit d'Anne d'Autriche.

On a beaucoup écrit sur cette utilisation de très
jolies filles de la Cour par Fouquet ; elle était dans
les mœurs de l'époque. Tout le monde avait besoin
d'argent, et tout le monde espionnait pour de l'argent.
Ces filles d'honneur, de bonne naissance, peu for-
tunées, venaient prendre du service, espérant trouver
un mari à la Cour ; en attendant, les plus intelligentes
se faisaient une dot en surveillant les hauts personnages qui les employaient. Pauvres filles, peu payées,
mais pas bien coûtantes ! Fouquet, aimable et généreux, s'en servit, comme ses prédécesseurs. Le
proverbe : *Jamais Surintendant ne trouva de cruelles*,
avait souvent été vrai avant lui. Ses jolies correspon-
dantes lui tenaient, en outre, le langage du Tendre,
dans le style du temps (surtout Mlle de Trécesson,
si serviable lors du projet de mariage à la Cour de
Savoie et du voyage du roi en Bourgogne). Lorsque
seront découvertes, dans la cassette de Saint-Mandé,
leurs lettres, et d'autres, pires, glissées par ses ennemis, cela vaudra au Surintendant une fâcheuse
réputation. Que Fouquet ait parfois demandé à ses
belles informatrices un peu plus que des informations, cela n'est pas impossible mais ne suffit pas à en

faire un minotaure. Fouquet n'était pas un homme
à femmes ; à la moindre résistance, il se retirait,
comme dans le cas de Mme de Sévigné. Don Juan
ne payait pas ; Fouquet payait. Tout indique au
contraire qu'il fut bon époux, ami désintéressé et
digne des femmes supérieures qui l'entouraient,
son épouse, sa mère, Mme Scarron, Mme de Sévigné,
Mme d'Huxelles, Mlle de Scudéry, Mme d'Assérac,
Mme du Plessis-Bellière, et bien d'autres encore.

Il était de plus en plus menacé. Il ne recevait pas
le poste envié de chancelier. Son frère, Basile, policier
inquiétant, le trahissait ; deux de ses autres frères
se voyaient refuser les emplois sollicités ; il était
suivi partout, et même à Belle-Isle, où il n'allait
guère. A son insu, Colbert se faisait placer à un
poste de surveillance des Finances ; et la duchesse
de Chevreuse ourdissait un complot pour ébranler
une des pierres d'angle du donjon de Fouquet.

C'est à ce moment que s'ouvre la chausse-trape ;
Colbert met ses soins à persuader le Surintendant
d'y tomber.

Fouquet n'était pas inquiet ; pour un familier de
la Cour, du Parlement, de la Fronde, de l'Administration enfin, et c'est tout dire, il se montre d'une
incroyable naïveté. Il n'évente aucun complot, ne
devine aucun traquenard. Le roi et Colbert, ces deux
brochets, attendent, en eau tranquille, l'heure
d'exécuter Fouquet, truite alerte qui se chauffe au
soleil et joue dans les eaux vives de l'improvisation
financière.

Fouquet est procureur au Parlement, donc couvert par une juridiction spéciale, aux termes de

laquelle il ne peut être jugé que par ses pairs ; le roi
ne peut rien là contre. Il importe donc de débusquer
Fouquet de ce donjon. Colbert s'y emploie. Il prend
le Surintendant par la vanité, le persuade que
Louis XIV désire l'avoir entièrement à lui, qu'il veut
que Fouquet se consacre, en Premier ministre, aux
affaires de l'État, à l'exclusion de toutes autres ; on
lui réserve même le collier de l'Ordre, faveur insigne
qui ferait de Fouquet l'égal des seigneurs. Au sur-
plus, le roi a besoin d'argent ; un million serait le
bienvenu. Si Fouquet vendait sa charge... Et Fouquet
la vend un million quatre cent mille livres, quatre
cent mille livres de moins qu'elle ne vaut, offre le
million au roi, *qui l'accepte*! « Il s'est enferré de lui-
même » s'écrie Louis XIV joyeux ; et c'est tout le
remerciement. « Louis XIV, dit Sainte-Beuve, avait,
pour perdre Fouquet, employé un artifice dont nous
avons peine à supporter l'idée. »
  Le bruit commence à en courir et alarme les
amis de Fouquet ; ils ne comprennent pas les mobiles
du Surintendant. Nous ne les comprenons pas davantage. C'était offrir sa gorge au couteau ; pourquoi ?
La traîtrise de Colbert lui était connue ; pourquoi
l'avoir écouté ? Il y a chez les hommes une tentation
de se détruire, qui peut primer le besoin de se con-
server. Fouquet a-t-il cédé à ce vertige ? Ou bien
a-t-il eu confiance en Louis XIV ? On le verra, au
cours du procès, demander, par quatre fois, à être
reçu par le roi. Détenait-il des secrets qu'il ne pouvait
rendre publics, dont il ne doutait pas qu'ils fussent
propres à retourner l'esprit du roi ?

XI

LES NUITS DE FONTAINEBLEAU

L'homme est davantage haï pour ses qualités que pour ses défauts, les qualités le guindent à une hauteur intolérable ; les défauts le ramènent à la moyenne.

C'est pour ses qualités que Fouquet sera haï.

Au moment où Louis XIV prend possession du pouvoir, il ressemble encore beaucoup à sa mère ; il tient d'elle ses cheveux blonds, ses yeux bleus à fleur de tête, son humeur impérieuse, sa jalousie, sa fierté. Il est plus espagnol que français, plus Habsbourg que Bourbon ; si en 1636, après Corbie, les Espagnols avaient poussé depuis Amiens jusqu'à Paris, ils auraient imprimé leur marque sur le royaume qui eût pris une sorte de cachet Louis quatorzième, même sans Louis XIV ; heureusement, ils se contentèrent de nous conquérir par des voies détournées, par *Le Cid* et par la reine-mère, cette blonde dévote, orgueilleuse, gourmande, avec ses yeux trop gros, sa bouche en forme de fraise et son petit menton enfoncé dans le cou gras, cette pieuse et indolente coquette, qui aime le sexe. Louis XIV aussi aime le sexe ; il a un furieux besoin de la femme. Tous ses goûts l'inclinaient de ce côté : La Porte, valet de chambre renvoyé, nous a dépeint son visage terrifié, indigné, le jour où Mazarin, cédant à on ne sait quelle tentation (ou quelle intention) osa caresser dans son bain le roi enfant. Toutes les femmes attiraient Louis, la comtesse de Soissons comme Marie Mancini, comme Marguerite de Savoie. « Presque toutes les femmes lui avaient plu, excepté la sienne » dit Mme de Caylus, ce qui est faux, car même de la sienne il a été amoureux, pendant au moins trois mois. Le roi a besoin d'être aimé ; il trouve là le remède à cette timidité qui l'arrête dans ce qui est l'objet même de sa vie et l'expression de son génie : la divinisation du pouvoir royal.

Le roi plaira donc follement, à tous et à toutes. Sur ce chapitre il sera vite rassuré. Sur celui de l'autorité suprême, il rencontrera un obstacle qui l'empêche d'être le Roi-Dieu : c'est Fouquet.

Trop longtemps Louis a été, en politique, l'ombre de Mazarin, pour admettre un seul instant d'être l'ombre de Fouquet. A-t-il eu le complexe freudien du meurtre paternel, inassouvi envers Mazarin, reporté sur Fouquet ? Le Surintendant appartenait à la génération qu'on déteste, simplement parce qu'elle vous précède. Louis XIV voit en lui un rappel du cauchemar de sa jeunesse : la guerre civile ; ce Fouquet est une survivance de la France frondeuse, sauvage, insoumise, qu'il faut faire disparaître à jamais. Certes, le Surintendant est tout respect, déférence et s'efforce de fêter le roi, mais cela même le rend odieux ; son art de vivre de manière souveraine est insupportable à un monarque pauvre ; son discer-

nement dans le choix des artistes, la perfection de
son goût, autant de leçons données à un jeune homme
encore mal dégrossi. L'aisance de ce Parisien qui vit
dans le désordre comme poisson dans l'eau agace
un roi naturellement ordonné; il sent, offense capitale, que Fouquet ne le prend pas au sérieux : « Le
Surintendant se flattait d'amuser le jeune homme
par des bagatelles. » Fouquet ébranle cette prodigieuse estime que Louis a de lui-même, et que cinquante années d'adulation et le culte que lui voue
toute l'Europe ne suffiront pas à contenter. Fouquet
l'empêche de vivre ; pis, il l'empêche d'être.

En amour, le roi est comblé, mais là encore il va
rencontrer Fouquet sur sa route.

A Fontainebleau, en ce début de printemps fol et
romanesque de 1661, Louis traîne tous les cœurs
après soi. Pour la première fois, il est un héros de
théâtre, un amant vainqueur, il s'affirme, il existe.
Les promenades en bateau sur la Seine, à Valvins,
les ballets, les sérénades nocturnes au bord du grand
canal de Fontainebleau, les coquetteries de la spiri-
tuelle, gracieuse et piquante Madame, que le roi veut
enlever à Guiche, les Dianes baigneuses et les Actéons
empanachés, toute cette *dolce vita*, très *Vicomte de
Bragelonne*, enchantait le jeune roi. Il courtise
ardemment l'adorable Henriette d'Angleterre, l'exalte
jusqu'à lui et presque jusqu'à son trône. Cela fait
trois reines à la fois : la vraie, Marie-Thérèse, qui
ne compte pas ; la reine-mère qui compte encore ;
Henriette qui compte trop. Quelle navigation difficile entre toutes ces reines! Aussi le roi va-t-il
échouer. Il est tellement assidu auprès de sa belle-

sœur qu'il la compromet, ridiculise le pauvre Monsieur déjà trop porté vers un vice où semblent l'avoir enfoncé Mazarin et Louis lui-même, et le met devant toute la Cour en posture de mari trompé. Si bien que Monsieur courra se plaindre à sa mère et qu'Anne d'Autriche interviendra. Pour servir le cadet sans trop contrarier l'aîné, et mettre fin au scandale, elle recourut au traditionnel stratagème, et, après avoir hésité entre Mlle de Pons et Mlle de Chimerault, arrêta son choix sur un paravent ravissant : Louise Françoise de la Baume le Blanc, fille du marquis de La Vallière. Comment ce décor trompeur devint rapidement le sujet de la pièce, cela fait partie de l'histoire de France. Mais l'incidence de cette liaison illustre sur l'avenir du Surintendant est si grave qu'il faut s'y arrêter.

En parfait courtisan et en ministre avisé, Fouquet savait tout ce qui se passait à Fontainebleau. Dès le 27 juin il est averti du plan de la reine-mère par le confesseur d'Anne d'Autriche, qui est à sa solde. D'autres sources confirment le renseignement : on veut faire coucher le roi avec une jeune inconnue de dix-sept ans. Quelques jours plus tard, il saura le nom de cette fille d'officier supérieur, orpheline sans fortune, que le roi a distinguée. « Fort jolie, fort douce et fort naïve » dit Mme de La Fayette, « petite bourgeoise laide et boiteuse » dit Madame (mais les portraits de La Vallière donnent raison à Mme de La Fayette), « elle avait autant de vertus que la Montespan avait de vices ». Cette modeste rose pompon exhalait un parfum de pureté et de tendresse tout nouveau pour Louis XIV. Elle adora le roi avec un

total désintéressement ; « pour la première fois
Louis XIV goûta le bonheur rare d'être aimé pour
lui-même » (Voltaire).

Installé à la Mi-Voie, un pavillon dans le parc de
Fontainebleau, Fouquet est aux premières loges
pour surveiller l'intrigue ; son entremetteuse habi-
tuelle, la femme La Loy, lui fait son rapport. Cette
créature servile est naturellement incapable de
deviner la qualité de la passion naissante ; elle s'imagine qu'il s'agit d'une passade du roi avec une fille
qui n'en est pas à son coup d'essai. Fouquet, assez
malade de fièvres qui le tiennent à l'écart un jour
sur trois, la croit, d'abord. Pourquoi La Vallière
serait-elle différente de ces demoiselles de la Cour
qui viennent lui rendre visite à Saint-Mandé et
« lui tenir compagnie au poids de l'or » (Choisy) ?
Le Surintendant, « qui ne proposait au roi que des
parties de plaisir, et se voulait donner le soin de ses
nouvelles amours », court miser sur cette carte.

Ici, les biographes de Fouquet sont partagés : les
uns posent le Surintendant en rival du roi ; les autres
affirment qu'il se contenta de faire à la nouvelle
favorite de peu respectueuses offres de service. La
vérité est-elle à mi-chemin ? Fouquet n'était pas un
homme à femmes, mais plutôt l'homme « de ces
demi-maîtresses qu'on aime sans inquiétude, qu'on
sert sans assiduité et qu'on quitte sans chagrin »
(*Clélie*) ; il était un mari fidèle. Mais il savait manier
les filles fûtées qui lui servaient d'informatrices.
A-t-il voulu en user de même avec La Vallière,
et a-t-il offensé sans s'en douter une âme fraîche et
honnête ? Son malheur, c'est de ne s'en être point

douté. Il aborde et presse Mlle de La Vallière, avec une maladresse surprenante chez cet homme délicat.

Toute la Cour remarqua aussitôt son manège ; comment la favorite du roi eût-elle passé inaperçue dans une Cour dont l'envie et la jalousie étaient le ressort, une Cour où la reine est jalouse du roi, la reine-mère est jalouse de ses fils, le roi est jaloux de ses maîtresses, Madame est jalouse de La Vallière, La Vallière très jalouse d'elle, et où Monsieur est jaloux de son royal frère qui, lui-même, jalouse les jets d'eau de Monsieur, à Saint-Cloud ? Et, rôdant à l'arrière-plan, Colbert, la jalousie faite homme, jalousie administrative, c'est-à-dire de tous les jours, sournoise, espionnante, acide, pire encore que la jalousie de Cour.

Suivant une lettre très suspecte, et par son origine et par son style, Fouquet aurait, grâce à une entremetteuse, fait complimenter La Vallière sur sa beauté, y ajoutant une offre de vingt mille pistoles ; la jeune fille aurait répondu que deux cent cinquante mille livres ne lui feraient pas faire un faux pas. (La lettre existe en copie, à l'Arsenal, dans les manuscrits de Conrart. Elle est invraisemblable, bien que souvent citée, même à l'époque.) Ce qui est certain, c'est que le Surintendant, rencontrant Mlle de La Vallière dans l'antichambre de Madame, lui vanta lourdement, avec un clin d'œil appuyé, les mérites du roi. La favorite rapporta certainement ces propos à son amant, qui ne les pardonna jamais. Louis XIV tenait à son secret : La Vallière est « l'objet caché », « la petite violette ». Le roi aimait, il était aimé, il ignorait que tout le monde fût au

courant. L'impudence de son Surintendant lui
ouvrit les yeux. Y eut-il une troisième gaffe ? Fouquet vit-il ce qu'il aurait fallu ne pas voir : Louis XIV
donnant mille louis à La Vallière, sous prétexte
de jeu ? Un auteur de l'époque le laisse entendre.
Quoi qu'il en soit, il n'est pas douteux que Fouquet
ait joué là sa vie, comme il la jouera un plus tard
à Vaux. Peut-être même, conscient de sa balour-
dise, voulut-il, en ces premiers jours d'août 1661,
pour se rassurer sur les sentiments du roi à son égard,
l'inviter à une fête à Vaux ? Il est possible que les
deux gestes soient liés. Le roi savait feindre, il avait
encore besoin de Fouquet, c'est-à-dire d'argent, mais
surtout d'être instruit par lui de ce mécanisme admi-
nistratif si compliqué dont le Surintendant, mieux
que Colbert, avait la clé. Le roi accepta l'invitation.

XII

« MONSEIGNEUR... »

(*Vaux-le-Vicomte*)

> *L'on meurt, quand on en est aux
> peintres et aux vitriers.*
>
> La Bruyère.

Vaux, palais des illusions.

Chacun vit d'illusions, mais rares ceux qui les projettent dans une œuvre visible après trois siècles. En 1961, Fouquet n'a pas encore cessé de nous transmettre son message de 1661.

Vaux, énorme échec pétrifié ; mais ce n'est pas l'échec d'un fou, ce fut le décor d'une réussite parfaite, qui n'a duré qu'une seule soirée, celle du 17 août 1661. Aucun dramaturge n'a réalisé pareille unité de lieu et de temps : le 17 août, à six heures du soir, Fouquet était roi de la France ; à deux heures du matin, il n'était plus rien. Vaux ou le songe d'une nuit d'été. Vaux bat Versailles de cinq ans. Fouquet n'est-il pas un Louis XIV prématuré ?

Dès le début d'août 1661, le Surintendant ne

pense qu'à la fête qu'il donnera au roi, le 17 ; ce
« régal » lui fait perdre la tête ; il en oublie les affaires,
sa santé. C'est à peine s'il prête attention à l'instal-
lation au Parlement de son successeur, M. de Harlay,
à qui il vient — suprême folie — de vendre sa charge
de Procureur général. Comment Fouquet n'a-t-il
pas exigé à cette occasion l'honorariat, qui le main-
tenait, pour le passé, dans l'inexpugnable donjon
parlementaire, avec ses précieuses immunités ? Fouquet a ouvert son parachute, mais trop au ras du sol.

Vaux nous fait le plaindre et l'aimer mieux. Il
y a dans cet homme des côtés d'une noblesse extrême : Vaux nous les rend sensibles. Châtelain,
un des biographes de Fouquet, a fait cette juste
remarque : Fouquet n'était pas grand, mais il voyait
grand ; c'est ce dont Vaux porte témoignage.

Ce Fouquet, empressé à plaire au roi, faisait expé-
dier à Vaux, dans ses salons encore inachevés, tous
ses lits de brocart passementés d'or, toutes ses tapisseries, ses meubles rares, sa vaisselle de plate ;
on amène par la route de Melun la valeur de dix
musées et de mille antiquaires ; des tapis de Perse,
de « Turquie » (celui du *Rat de ville et du Rat des
champs*) ; des cuirs de Cordoue, des chandeliers
(*lustres*) de cristal. Tous les artistes qui travaillaient
pour le Surintendant : Le Brun et le Nôtre, Le Vau
et Molière, sont mobilisés ; tous ses amis poètes :
La Fontaine, Scarron, Pellisson, Loret, préparent
leur plume et peuvent dire (comme dans *Le Menteur*) :

> *Toute une ville entière avec pompe bâtie*
> *Semble d'un vieux fossé par miracle sortie...*

Cette promotion des écrivains au xviie siècle, chacun sait que l'Hôtel de Rambouillet en est l'origine ; Fouquet continue l'œuvre des Précieuses ; les écrivains deviennent, grâce à lui, presque des seigneurs, parce que les seigneurs, Bussy, La Rochefoucauld, Retz, Saint-Évremond, deviennent des écrivains, les rencontrant à mi-chemin sur l'échelle sociale. Leurs remerciements, après gratifications, « sentent de moins en moins le poète crotté » (Ménage). C'est à Fouquet qu'on le doit, tant il sait agréablement et finement rétribuer le talent. La Galerie du Palais et ses libraires vivent des auteurs, qui vivent de Fouquet le Magnifique, généreux payeur de leurs « dédicaces », c'est-à-dire de leurs éditions. « La façon de donner vaut mieux que ce qu'on donne », ce vers de Corneille s'adresse à lui.

Dans tous les salons de l'intelligentsia, chez la comtesse de Suze, la marquise de Sablé, Mlle de Scudéry, Mme du Plessis-Bellière, sans parler des bureaux d'esprit de la bourgeoisie, il n'est question que de Vaux. Vaux est le temple des *public relations* de Fouquet, comme Saint-Mandé est le temple de l'amitié. La description de Vaux reste l'un des seuls morceaux que l'on relit dans le fade roman de Mlle de Scudéry, *Clélie*, où, sous un déluge de mots décolorés, la nature pâlit, comme elle pâlit toujours dans ces auteurs du xviie siècle qui paraissent la regarder de haut, sous forme d'ennuyeux parterres, par les fenêtres de quelque château maudit.

Vaux nous est resté intact, mais comme une coquille vidée ; les merveilles qu'il contenait ne sommeillent plus que dans les procès-verbaux des perquisitions.

Le château, « montagne d'architecture », qui nargue Versailles naissant, est l'œuvre du premier architecte de France, Le Vau, auteur de l'hôtel Lambert, du château de Saint-Fargeau, de l'église de Saint-Louis en l'Isle. C'est Fouquet qui l'a découvert et intronisé, comme aussi Le Brun, appelé de Rome, comme Puget, venu du Midi où il sculptait les proues des galères.

La dentelle austère de la grille d'entrée, les huit dieux qui, de chaque côté, s'arrachent de leurs gaines de pierre, l'immense cour d'honneur reliée aux communs par des pilastres de bronze, les douves, dernier souvenir des temps périlleux où l'on se fortifiait, sont pour ce soir tout accueil. Les trois grandes portes en plein cintre sont timbrées des armes parlantes de Fouquet, l'écureuil (en breton, le *fouquet*). Buffon a fait du souple animal un portrait qui semble dessiner involontairement la figure du Surintendant : « Vif, alerte, industrieux, fin, le corps nerveux, très réveillé, allant par bonds... il construit adroitement son nid. »

Les jardins de Le Nôtre prolongent le château, jardins mi-velours de Gênes, mi-estrade, où les bordures de bégonias ont la régularité des hexamètres, ifs en quenouille et buis en pot à feu, miracle à la française d'une nature métaphysique, où toute émotion est dénoncée et sarclée. La grande cascade, le bassin de Neptune conduisent jusqu'aux grottes ; derrière elles le parc fuit en perspective vers Mimouche, Berceau, Maincy, par-dessus les

célèbres fontaines que Louis, curieux de les voir
après la description que lui en fit Mazarin émer-
veillé, a visitées un mois auparavant. Le roi avait
fort goûté les peintures de Le Brun qu'il appellera
bientôt à Versailles ; moins goûté, peut-être, que
l'une d'elles, *L'Apothéose d'Hercule*, représentât le
Soleil (allusion à Fouquet). Louis XIV lui repren-
dra même cet astre ! Toute cette pierre d'une taille
superbe, ces eaux serves, ces hautes futaies houppées,
ramenées à l'obéissance, et ces ifs à la taille de
l'homme, cette herbe réduite à l'état de tapis, ces
hêtres coupés en bosquets rappellent le mot de
Puget : « Le marbre tremble devant moi. » Devant
Fouquet, c'est la nature qui tremble. On dirait
qu'elle se rase à terre, pour se faire oublier, tant les
prédicateurs et les tragédiens lui ont répété qu'elle
n'a pas de droits sur l'homme.

Fouquet attendait ses invités,

> *Peuple caméléon, peuple singe du Maître,*

toute la Cour, mobilier humain de soie, de velours
et de chair, les filles d'honneur, fleurs pour les vases.
Le Surintendant a pu penser qu'il importait peu
qu'il ait dépensé paille et blé, que le Trésor public
fût devenu le sien, puisque, ce soir, la France était
servie, ses artistes célébrés et son art triomphant.
Il fallait l'étroitesse d'esprit du reptile Colbert pour
s'indigner de ce que la dette privée devînt la dette
publique, et que l'Écureuil, le plus rongeur des
rongeurs, rongeât l'État.

Depuis quinze jours, quand il n'était pas au lit avec une fièvre exaspérée par toutes ces terres remuées, le Surintendant, roi de la Curiosité, avait regardé débarquer ces merveilles, accrochant les tableaux, disposant les fleurs, comme ces mordus du bon goût qu'à l'hôtel de Rambouillet on nommait les *grippés* (*agrippés*), mettant en place les cabinets d'étain et d'écaille rouge, dits *mazarins*, les laques importés de Chine par la Hollande (car il avait institué des relais pour l'acheminement des raretés), les porcelaines que les Jésuites lui envoyaient du Japon, les tableaux découverts en Italie par Poussin, que Maucroix et son frère l'abbé Basile Fouquet lui expédiaient de Rome ; il avait choisi les lampas des murs, installé les meubles gainés de velours de Gênes, dont il avait pris le goût chez l'Incomparable Arthénice ; tout exaltait, cette nuit-là, son orgueil de soi et son amour de la vie.

Dans le fracas des coups de marteau, le grincement des scies, le grognement des rabots, Molière avait fait répéter le futur divertissement du 17 août, *Les Fâcheux*. Molière, « que Fouquet avait obligé à plusieurs reprises » (Taschereau), allait exécuter pour lui, en quinze jours, cette comédie-ballet, dont le charmant Pellisson, premier commis du Surintendant depuis 1637, acheteur de vaisseaux, vérificateur de comptes, distributeur de fonds, financier-poète, homme de confiance, homme de lettres, homme d'honneur (plus tard, il défendra magnifiquement son maître dans son *Discours au Roi*), écrira le prologue.

« Entreprise précipitée » dit Molière, précipitée

comme le château de Vaux et comme la vie du Surintendant. Le Brun, pour brosser les décors, avait dû
interrompre ses *Triomphes d'Alexandre*, ses plafonds
de Vaux. Comme il n'y avait pas assez de danseuses
disponibles pour le ballet et qu'il fallait leur donner
le temps de changer de costume, cette « comédie
à tiroirs » fut allongée par des scènes de comédie
dialoguée. Ici, on voudrait imaginer Fouquet racon-
tant à Molière sa vie dévorée par les flagorneurs, en
proie aux insuffisamment pensionnés, aux amateurs
de pots-de-vin, aux journalistes à bas troués, à tout
le vulgaire des auteurs subventionnés. Fouquet
était présent lorsque le roi avait montré du doigt
à Molière M. de Soyecourt, un entêté de vénerie :
« Voilà un grand original que vous n'avez pas encore
copié » lui avait-il dit ; et Molière, poussé par Fouquet, avait glissé dans sa pièce un admirable mor-
ceau de verve comique, la tirade sur les fâcheux à
la chasse à courre.

17 août 1661.

« Vaux ne sera jamais plus beau qu'il ne le fut
cette soirée-là » (La Fontaine).

Le roi, la reine-mère, Monsieur et Madame, Monsieur le Prince, le duc de Beaufort, le duc de Guise,
tous les princes et toute la Cour avaient quitté
Fontainebleau dans l'après-midi et, par une route
portée à l'incandescence, étaient arrivés à Vaux
vers six heures, le même soir, dans un ciel de chaleur,
gris lavandé, nuagé d'un orage et relevé de tons
laqueux, au couchant. Seule la reine, enceinte, n'était
pas venue. Devant et derrière le cortège, les Gardes
françaises et les mousquetaires, plus nombreux que

d'habitude, dans un halo de poussière, traversé d'un
soleil de canicule en forme de gloire. Défilé de carrosses armoriés, blancs de poudre, vacillants sur
leurs ressorts de cuir, les freins enrayés, les marche-
pieds se dépliant. Puis le déchargement de toute cette
Cour rissolée, dans l'affairement des valets et des
pages, de tout cet étalage de rubans, canons, aiguil-
lettes, vertugadins et la presse de ces personnages
considérables dans leurs énormes rabats de dentelle
cousus au col et leurs cravates de batiste passées dans
le sixième bouton du justaucorps, mourant d'envie
d'ôter leur rhingrave et leur perruque posée sur un
matelas de toile, tandis que les dames, en robes jusqu'à terre, fanfreluchées et frisées à quatre mèches
gonflées de crêpés, dressaient leurs têtes coiffées
de velours noir d'où sortaient les boucles tire-bou-
chonnées. Épaules ornées de galants et pieds pattus
s'ébrouaient devant le perron, stupéfaits par « cette
maison qui élève la tête », par la fortune dont elle
était l'image.

Fouquet est à la dernière marche pour recevoir
le roi.

Fouquet qui avait si souvent reçu les princes,
tant à Saint-Mandé qu'à Vaux, est parfaitement
à l'aise dans le grand genre et oublie, ou fait semblant d'oublier, les menaces dont il est l'objet. Il
avait pourtant dans sa poche une lettre de son amie
Mme du Plessis-Bellière le mettant en garde contre
d'imminents dangers, mais « un homme qui sait la
Cour dissimule les mauvais offices » (La Bruyère).
Le Roi lui sourit et il sourit au roi. A regarder les
deux hommes, face à face, malgré l'inclinaison du dos

de l'amphitryon et sa tête nue, on peut se demander qui est le plus royal.

Précédé de Vatel, à la fois chef du protocole, maître d'hôtel et grand écuyer, précieux Vatel parfois emprunté par Mazarin, Fouquet va d'abord offrir à ses hôtes étouffant de chaleur ce qui peut les enchanter, une promenade entre deux murs d'eaux jaillissantes, divergeant en gerbes, « des cristaux liquides » (La Fontaine). Deux cents jets d'eau, cinquante fontaines bordent le Grand Canal ; à gauche, les Petites Cascades, le Carré d'eau, à la hauteur du Confessionnal ; la Couronne, les Animaux, la Gerbe et, au-dessus, la Grande Cascade (où La Fontaine rencontre l'Esturgeon qui lui raconte ses aventures).

> *Force jets d'eau affrontant la nue*
> *Des canaux à perte de vue...*
>
> *Psyché.*

L'eau est comme un éclatant, un ruisselant discours d'accueil. Dans cette plaine à blé, en pleine moisson, au sol fendillé de gerçures, l'eau rit, elle est le luxe suprême, l'élément cher dépensé pour rien, jaillissant du sol ; chaque goutte vaut de l'or et cette richesse coule à fonds perdu, dans les cataractes dressées, dans cette inondation verticale organisée par le magicien. Des « artifices d'eau ».

> *Tout combattit à Vaux pour le plaisir du roi,*
> *La musique et les eaux, les lustres, les étoiles...*
>
> La Fontaine.

Louis XIV, avec amertume, pense à Versailles qui n'a pas d'eau ; il n'a jamais vu pareil surgissement, cette féerie de sources captées, ces nymphées obéissant à d'invisibles machines. Il se fait expliquer comment la rivière d'Anqueil a été domestiquée, resserrée dans des lieues de tuyaux d'un plomb précieux. Fouquet ne lui dit peut-être pas que ce plomb appartient à l'État, vient d'Angleterre, est arrivé à Vaux sans payer de douane, mais Colbert le dira au roi. Car Colbert est là, déguisant sa haineuse passion, qui observe tout, envie tout.

Maintenant, c'est la face des jardins, les buis, parquetés à la française. Des voitures à parasols ont été préparées pour la reine-mère et pour les dames âgées ; des chaises à porteurs, que les *bâtons* portent de côté, pour ne pas masquer la vue.

La Cour suit, dans l'ordre des préséances, les princes du sang, les grands seigneurs, les seigneurs, les officieux (titulaires d'offices de Cour), les secrétaires d'État, Colbert, le regard en écharpe, bref, tous ceux qui, au Louvre, se classent en entrées familières, grandes entrées, entrées de brevets, entrées de la Chambre ; tous contemplent la nature avec cette méfiance respectueuse de gens habitués aux parquets, aux salons, à une vie d'antichambre ; ils regardent, de leurs yeux accoutumés aux lustres, se coucher le soleil. Ce soir-là, la Grande Mademoiselle dira de Vaux : « C'était un lieu enchanté. »

En s'extasiant, on va jusqu'au potager, chef-d'œuvre de La Quintinie ; puis retour au château, pour la collation, à travers le Labyrinthe et l'Allée d'eau, où les bustes alternent avec les cascatelles.

On gravit les marches du perron. Enfilade des salons. Les tapisseries tissées d'or, séparées par des torchères à bougies, conduisent jusqu'à la galerie où le Surintendant fait au roi la surprise de lui offrir un portrait royal, par Le Brun, que le roi accepte « avec une satisfaction merveilleuse ».

Au Grand Salon, qui sent encore le vernis et la peinture fraîche, on admire l'œuvre capitale de Le Brun, « où le Soleil est représenté dans son palais ; sur les marches du trône, les Heures, filles du Soleil, montent et descendent... Ce nouvel astre est placé au milieu du ciel, en forme d'écureuil... Le soleil représente *Cléonime* (Fouquet) qui, selon l'étendue de ses grands emplois, fait tout, luit partout, fait du bien à tout » (*Clélie*).

Fouquet sert le roi. Cinq services. Cymbales et trompettes à l'entrée ; puis violons. Trente buffets ; nappes et serviettes en point de Venise. Cinq cents douzaines d'assiettes, trente-six douzaines de plats d'argent, et un service d'or ; près du roi, un sucrier d'or massif, que Louis XIV contemple avec envie, de ses gros yeux bleus.

— Quel beau vermeil, dit le roi, se retournant vers le maître de maison.

— Pardonnez, Sire, ce n'est pas du vermeil, c'est de l'or.

— Le Louvre n'a rien de semblable...

Et le nez royal, prolongé par ses grands sourcils qui en continuent l'arcature, s'approche, comme pour respirer tout cet or qui devrait lui appartenir. Le roi jaloux prend une dernière leçon de magnificence. De cette soirée de Vaux sortiront un jour

toutes les fêtes de Versailles, de Marly... (Et dire
que Quinault demandait à Fouquet des sujets de
tragédie!)

« Le roi fut étonné et Fouquet le fut de remarquer
que le roi l'était » (Mme de La Fayette). Ce soir-là,
Fouquet l'enchanteur sentit-il, au milieu de ses
mille invités, une grande solitude, la catastrophe
enchaînée au succès? Nous ne savons que trop ce
que pensait Louis XIV, mais Fouquet? Cet homme
qui avait, comme l'argent, jeté le temps à pleines
mains, devinait-il que le temps, désormais, lui était
refusé? L'âme de ce héros d'un soir ne se lit pas
facilement ; elle reste, dirait la Sévigné, « très laby-
rinthée ».

Et lorsque à la fin de la fête, Fouquet offrit Vaux
au roi, que signifie ce geste? Le donnait-il par
panique, comme, plus tard, la main de d'Artagnan
au collet, il offrira Belle-Isle? Ou n'est-ce qu'une
offre du bout des lèvres, à l'espagnole : « *Aqui està
su casa...* »? Louis XIV, dans sa superbe, préférera
saisir Vaux, ses artistes, ses tapisseries, sa vaisselle,
ses orangers, que de se les voir offrir.

Le gibier du lion, ce ne sont pas moineaux...

On se leva de table en admirant cet éclat presque
insoutenable. Derrière un vase de porphyre, Fouquet prit à part son ami et second, Gourville :

— Que dit-on de moi?

— Les uns, que vous allez être Premier ministre,
les autres qu'il se forme une grande cabale pour
vous perdre...

Fouquet, en dissipateur oublieux, sourit. Cette soirée était belle, et laissera sa marque dans l'Histoire.

Pendant ce temps, Molière s'impatientait. Près de deux heures de retard... Molière avait pensé commencer à la lumière du jour ; c'était la nuit. Après *Les Fâcheux*, on devait tirer le feu d'artifice dont on se promettait merveille, car il était monté par Torelli, surnommé à la Cour *Le Grand Sorcier*. La comédie se donnait dehors, sous un frais admirable, au bord de l'allée de sapins. Derrière, tout le palais illuminé, les fenêtres ouvertes sur les lustres, une devanture de bijouterie.

Molière apparaît en habit de ville, jouant l'homme surpris, et après le prologue en vers, la pièce commença :

> *Sous quel astre, bon Dieu, faut-il que je sois né*
> *Pour être de fâcheux toujours assassiné...*

Le ciel est du vert le plus pur, écaillé d'étoiles, car l'orage n'a pas éclaté.

Une coquille monta, s'ouvrit, et une Naïade apparut : la Béjart, entourée d'arbres séparés par des dieux termes, ceinte d'une nature si admirative qu'arbres et statues, devenus vivants, se mirent à bouger et à dialoguer. Béjart, entourée de vingt jets d'eau, ouverts en gerbe, prononçait l'éloge du roi.

> *Pour voir sur ces beaux lieux le plus grand roi du monde*
> *Mortels, je viens à vous de ma grotte profonde...*

La Fontaine reste à jamais l'historien de cette
nuit enchantée :

> *Au pied de ces sapins, et sous la grille d'eau...*
> *On vit des bois s'ouvrir, des termes se mouvoir,*
> *Et sur le piédestal tourner mainte figure...*

Puis, ce furent les entrées de ballet.

La nature, ce soir, comme à travers tout ce siècle
antinaturel, n'était qu'une modeste collaboratrice
de l'homme ; fardée de lumières, farcie d'étoiles
feintes, elle se préparait à servir de décor au plus
beau feu d'artifice du monde. Des gondoles dorées,
garnies de damas blanc, les gondoliers vêtus de soie
blanche, glissaient sur le Grand Canal où les reflets
s'enfonçaient en vis. Il y avait concert à l'Orangerie,
de la musique derrière chaque buisson ; dans les
bosquets, des hautbois et des flûtes. Les boulingrins
illuminés cachaient des lustres sous le feuillage ;
on ne savait plus où finissait le château, où commençaient les jardins. En prévision d'un orage, avait
été édifiée, pour le roi, une tente de damas blanc,
au bord du parterre d'eau, avec des buffets de parade
à gradins en miroirs, alourdis « d'argent orfévré »,
et, à chaque carrefour, des rotondes, avec des tapis-
series-verdure accrochées à même la verdure.

Éraste s'écriait :

> *Quoi ? Toujours des fâcheux ! Holà,*
> *Qu'on me fasse sortir ces gredins que voilà...*

Suivait encore le défilé des Joueurs de mail, de
boules, puis les Suisses, les Savetiers, les Bergers,
etc..., que déjà le feu d'artifice prenait son élan,
soulignant les lignes de l'architecture du château,
la fuite de ses jardins et l'éclat des pièces d'eau, la
grotte illuminée et toute la colline, du côté de Maincy,
en flammes ; les courtines de rochers, le feuillage
des premiers plans étaient éclaboussés par les feux
de Bengale ; les chandelles romaines montaient,
reptiles du ciel ; des grenades fusaient en éventail ;
des faisceaux de girandoles sortaient du sol ; des
mèches à feu allumaient des lignes droites embrasées,
édifiant par-dessus les constructions de pierre une
construction de feu ; les fusées sortaient des pots,
le long du Canal, comme des fleurs ; des soleils
tournant en sens contraires s'évanouissaient dans
une pluie d'or.

Minuit était passé et personne ne songeait à se
retirer. Au cours d'une loterie éblouissante, des
cadeaux de prix, des bijoux, des chevaux, furent
distribués. Un *ambigu* avait été préparé pour le
roi, fait de fruits, de glaces et de sucreries, de ces
mille choses exquises appréciées seulement quand
on n'a plus d'appétit ; vingt-quatre violons invisibles
jouaient dans une loggia grillée.

Enfin, à deux heures du matin, le roi donna le
signal du départ. Aussitôt, tout sembla redoubler
de bruits et de lumières ; mille trompettes, « comme
pour une furieuse bataille », retentirent, tandis que
d'innombrables fusées partaient du dôme central
du château. Alors ce palais des illusions parut

éclater ; il ne fut plus qu'une décomposition fusante, livrée à la joie de se dévaster et de se répandre dans la nuit. L'édifice devenait projectile, tout à la folie de se dissoudre en brillant, image de la vie du maître.

On entendait de brefs commandements. Les mousquetaires s'ébranlaient, les chevaux frappant du fer ; les roues des carrosses grincèrent sur le sable, les étriers tintèrent, les gourmettes cliquetèrent, tandis que sur les pavés sonnaient les cercles de fer des roues.

Dans le premier carrosse, à harnais blancs et à six chevaux blancs, le roi ne commandait plus à sa figure. Seul avec sa mère, enfoncé dans l'ombre, on ne voyait que son menton lourd, pareil à une pointe de sabot, qui boudait ; Anne d'Autriche se le rappelait, enfant, privé de jouets, la mine maussade, ou lorsqu'il croyait qu'elle lui préférait Philippe, en proie à ces rancunes qui duraient des heures. Elle devinait sa violence, réaction de la politesse artificielle et du contrôle de soi-même qu'il avait exercé toute la soirée.

Après ces feux, ce fut l'obscurité de la Brie, la nuit d'été sur les javelles, la descente en pente douce avec, au fond, la Seine devinée par ses écharpes de brouillard. L'orient commençait à rougir, l'odeur de cuir chaud des harnais montait dans la fraîcheur de la rosée.

Le roi détestait son hôte, cet heureux chasseur de bonheur, lui qui n'avait encore abattu que si peu de pièces, et si furtivement. Après tant de lumières, il se sentait rejeté misérablement dans

l'ombre. Au fond de la nuit, dans ce carrosse perdu
en pleine campagne, il était atteint au plus profond
par cette fête inouïe ; il la haïssait comme une
offense à la mesure, à la raison, à l'unité dont il
était le symbole. Il abhorrait le triomphe de ces
arts trouvant leur fin en soi, sans un dessein politique qui seul les justifie. Furieux de cette nouvelle
forme de féodalité, de toute la nation frustrée qui
souffrait en lui, loi vivante bafouée. Las d'avoir,
toute la soirée, déguisé son dépit, il éclata d'un coup :

— J'aurais dû faire arrêter Fouquet sur l'heure !

— Arrêter le Surintendant ! protesta la reine,
trop espagnole pour trouver admissible que l'on
arrête son hôte au milieu de la fête qu'il vous offre.

Louis XIV n'écoutait pas, emporté par son ressentiment, où l'envie inconsciente renforçait la
volonté avouée de devenir un grand roi :

— Il faudra faire rendre gorge à tous ces gens-
là ! cria-t-il.

XIII

L'ARRESTATION DE FOUQUET

> *Remplissez l'air de cris en vos grottes*
> *[profondes.*
> *Pleurez, nymphes de Vaux...*
>   La Fontaine.

Le roi, qui avait quitté Fontainebleau le 27 août, se rendit à cheval à Blois avec un cortège de gentils-hommes : Charost, Gesvres, Saint-Aignan, Peguil-hem, Villequier, avec le prince de Condé et le duc de Beaufort. Là, il prit la poste et arriva à Nantes avec Monsieur le Prince et le duc de Saint-Aignan. Ce voyage était évidemment concerté, sous le pré-texte de la convocation du Parlement de Bretagne. Il fallait éviter que Fouquet, pris de peur, ne s'allât livrer à quelque extrémité, comme de s'enfermer dans son réduit breton, de donner le signal de la rébellion... Il était vice-roi d'Amérique et tenait la mer par la flotte des compagnies coloniales qui dépendaient de lui et dont plusieurs bateaux lui appartenaient en propre. Surtout, il était le maître de Belle-Isle. Il l'avait achetée à la demande de

Mazarin qui, voyant cette place pourvue d'une rade sûre, avait craint « qu'elle ne tombât en des mains suspectes ». Le Surintendant la fortifia et y développa la pêche. Qu'il ait poursuivi là une activité lucrative ou qu'il ait cherché, dans la meilleure tradition de la Fronde, à en faire une place de sûreté, comme on devait le dire à son procès, il est certain qu'il avait, en tout cas, l'intention de se retirer en Bretagne, si un jour le sort lui devenait contraire. Voulut-il vraiment faire de l'île le centre d'un grand appareil de défense, rien n'est moins sûr. Mais le fait est que toutes les places fortes de Bretagne, de Guérande au Mont-Saint-Michel, étaient commandées par des hommes à lui.

Le roi avait donc décidé de s'installer à Nantes le premier, en gagnant son surintendant de vitesse.

Arrivé, de son côté, à Nantes, Fouquet, accompagné de sa femme, descend en l'hôtel de Rougé, qui appartenait à la famille de son amie Mme du Plessis-Bellière. Il s'alite aussitôt, en proie à un de ses accès de fièvre tierce. En robe de chambre, il reçoit ses visites habituelles, clients, amis ou quémandeurs. L'un d'eux lui offrait cent devises en quatre langues, toutes consacrées à la gloire de l'Écureuil, ce qui enchantait Fouquet qui, de l'époque heureuse de l'hôtel de Rambouillet, avait gardé un goût vif pour les devises, devinettes, emblèmes et courtes sentences résumant une vie ou un caractère, cris d'armes ou légendes héraldiques en français, en latin, parfois en espagnol ; son écureuil continuait la tradition, depuis la cigogne de Persée jusqu'à la salamandre de François Ier, en passant par le rabot de Jean Sans Peur et le porc-épic de Louis XII.

Des gens avertis de quelque trame, Gourville, La Feuillade, et le plus prévoyant de tous, Pellisson, avaient tenté de mettre le Surintendant sur ses gardes. Un jeune Gascon de grande famille, qui n'était pas encore duc de Lauzun, mais seulement marquis de Peguilhem (on écrivait aussi Puyguilhem, mais on prononçait Péguillin), fureteur et toujours renseigné, vint à l'hôtel de Rougé, y rencontra Brienne, sortant de chez le Surintendant, et essaya de le faire parler.

C'est entouré de paysans danseurs et de jolies filles en robe écarlate venues de Belle-Isle pour lui donner l'aubade, au son des violes et des hautbois, que recevait Fouquet, malade mais toujours gracieux et séduisant. Ses poètes et les « pensionnaires » protégés de Mme Fouquet se pressaient autour de lui ; il leur disait en souriant que rien ne le rendrait plus heureux que de pouvoir se retirer « dans sa chaumière bretonne » mais en même temps il laissait entendre que le rôle de Premier ministre était à sa portée. Interrogé par ses amis sur une certaine « pensée secrète » de Colbert dont on parlait sous le manteau, il répondait avec dédain qu'aucune pensée secrète du commis ne lui paraissait propre à être prise au sérieux et, bluffant peut-être, ou alors avec un aveuglement inouï, ajoutait : que le roi veut faire arrêter Colbert.

La pensée « extraordinairement secrète » qu'on prêtait à Colbert n'était rien de moins que le plan d'arrestation du Surintendant. Le dessein de cette première grande mesure purgative du règne de Louis XIV remonte au mois de juillet 1661. La préparation de l'affaire, réglée jusque dans ses moindres détails, et le mystère dont on l'entoure démontrent la puissance du Surintendant. Depuis un mois, Colbert est impatient de passer à l'action. « Aller seulement au présent » était la maxime de « l'homme de marbre ». Ce qui se prépare est un véritable coup d'État qu'un roi de vingt-trois ans n'est pas très sûr de réussir. Cela ressort des mesures prises, si importantes et si minutieuses. Ni les témoignages directs, ni les historiens ne donnent les raisons de ce scénario compliqué ; pourtant elles paraissent claires : sur l'ordre du roi, n'importe quel sujet peut être arrêté sans difficulté ; n'importe qui, mais pas Fouquet, car il n'est pas un sujet comme les autres : les conséquences qu'aurait toute attaque dirigée contre lui sont graves, car, du même coup, l'argent prend peur et se cache, le crédit risque de disparaître, les traitants de refuser leurs avances, les échéances de ne plus être honorées, etc... Pour maintenir tout ce monde dans l'obéissance, il fallait le mettre devant le fait accompli. Mais il y avait lieu de redouter « la soudaineté avec laquelle le Surintendant entreprend et exécute la plupart des choses » (La Fontaine).

Heureusement, Fouquet semble rassuré ; aux conseils de prudence, de méfiance, il répondait qu'il avait tout avoué à Louis XIV de sa gestion sous Mazarin et « que le roi lui avait pardonné, en termes dignes d'un grand roi ». « Le roi ne voudra jamais attenter à la mémoire du Cardinal », pense assurément Fouquet ; « je suis couvert ; d'ailleurs, il y a prescription ; et au demeurant, le Cardinal, qui pourrait me nuire, est mort ». C'est justement parce que le Cardinal est mort que Louis XIV pourra agir sans crainte d'avoir à le compromettre dans les poursuites contre Fouquet, ce qui eût été à la fois inévitable et impensable.

Il existe, de Colbert, trois notes qui règlent, minute par minute, le programme de l'arrestation prochaine du Surintendant. Rien de plus émouvant : c'est le film de l'événement avant l'événement, tel que pourrait le voir un démiurge de l'autre côté de la vie. Tout y est prévu, comme sur ces plateaux où le régisseur dessine à la craie le contour d'un corps, et où le metteur en scène commande : « Vous, l'assassiné, vous tomberez ici » ; oui, tout, et jusqu'au bouillon qu'il conviendra d'offrir au Surintendant après l'arrestation.

« Louis XIV tenait conseil tous les jours et travaillait ensuite secrètement avec Colbert », écrit Voltaire, bien renseigné, car il a connu des survivants de cette époque dramatique : « ce travail secret fut l'origine de la catastrophe de Fouquet ; la chute de ce ministre... à qui on avait bien moins à reprocher qu'au cardinal Mazarin, fit voir qu'il n'appartient pas à tout le monde de faire les mêmes fautes. Sa perte était déjà résolue quand le roi accepta la fête magnifique que le ministre donna à Vaux. »

Une très longue lettre de Louis XIV à la reine-mère, datée du jour même, rend compte de la décision qu'il avait prise quatre mois auparavant et de l'exécution qu'il vient de lui donner.

Brienne, témoin oculaire, mêlé à ces événements et qui en a noté tous les détails dans ses *Mémoires*, prétend que dès la fête de Vaux le roi aurait résolu l'arrestation du Surintendant, mais, toujours prudent, ne s'en serait ouvert qu'à la reine-mère, à Le Tellier et au père de Brienne.

Cette confidence à Le Tellier et au vieux Brienne peut surprendre. D'autant qu'on pourrait se demander, à lire la phrase du fils Brienne sur Colbert : « Le roi lui en fit la finesse », si Colbert lui-même savait tout. Le texte de Brienne peut signifier que Colbert, bien résolu à obtenir l'arrestation du Surintendant mais craignant d'aborder le roi avec un projet aussi hardi, aurait fait préparer le terrain par Mme de Chevreuse et son amant. Que Brienne garde la responsabilité de ses suppositions.

Quoi qu'il en soit, le roi avait donné à Brienne l'ordre de prendre, à Orléans, cette barque couverte à fond plat que l'on appelait « la cabane » et de descendre la Loire jusqu'à Nantes, et Brienne obéit séance tenante ; l'obéissance instantanée aux ordres de Louis XIV était déjà entrée dans les mœurs.

Auparavant Brienne avait cru bon de rendre visite à « son généreux ami » comme il appelait Fouquet, qui l'avait souvent obligé. Il trouve le Surintendant claquant des dents et fort abattu : fièvre tierce ou soucis rongeurs, ou les deux ? Suit une conversation à laquelle il est difficile de croire mot pour mot. Fouquet le « questionne fort sur ce qu'on disait du voyage de Nantes qu'il avait (ajoutait-il) conseillé au roi. — Ma foi, je n'en sais rien du tout. — Votre père ne vous a-t-il rien dit ? — Non, monsieur. — Mais le marquis de Créquy sort d'avec moi, et vient m'avertir que la duchesse de Chevreuse m'a rendu de très mauvais offices. — Je ne sais point cela non plus. — La reine-mère m'a fait dire par Bartillat de me garder d'elle. — C'est vous qui me l'apprenez. — Je ne suis plus procureur et je ne serai plus longtemps surintendant... On me leurre d'un collier de l'Ordre (du Saint-Esprit) qu'on ne me donnera peut-être jamais, et me voilà perdu sans ressource. »

Ces propos sont en complète contradiction avec toute l'attitude de Fouquet à Nantes et le font paraître bien plus lucide qu'il ne l'a été. Faut-il douter de Brienne? ou faut-il imaginer qu'avant cette conversation et le départ pour Nantes, le roi ait donné à Fouquet des assurances de sa faveur qui aient complètement aveuglé le malheureux? Toute cette sournoiserie s'accorde mal avec la majesté du grand roi que Saint-Simon, qui pourtant le hait, ne peut refuser à Louis XIV. Il faut néanmoins retenir le mot de Fouquet au moment où d'Artagnan lui mettra la main au collet : « Le roi est bien le maître, mais j'aurais souhaité pour sa gloire qu'il eût agi plus ouvertement avec moi. »

La conversation relatée par Brienne continue : « " J'ai même prêté au roi le million que M. de Harlay m'a payé sur le prix de ma charge. Il me doit encore quatre cent mille livres. J'ai quelque argent sur les aides, qui m'est quasi assuré (c'était treize à quatorze cent mille livres dont il avait les rescriptions des fermiers des aides dans sa poche, quand il fut arrêté), et encore quelques sommes assez considérables entre les mains d'un de mes plus fidèles amis. Mais tout cela est peu de chose si l'on doit m'ôter la Surintendance. Je dois plus de quatre millions, auxquels je m'étais engagé pour les dépenses de l'État (il me disait cela d'un air triste et abattu) mais... je ne saurais croire que le roi veuille me perdre... — Vous n'êtes plus Procureur général et la faute est faite... — Pourquoi le roi va-t-il en Bretagne, et précisément à Nantes? Ne serait-ce pour s'assurer de Belle-Isle? — Si j'étais à votre place, Monseigneur, j'aurais cette crainte! — Le marquis de Créquy m'a dit la même chose que vous, et Mme du Plessis-Bellière aussi. Je suis fort embarrassé à prendre une bonne résolution. Nantes... Belle-Isle... '' Il répéta plusieurs fois ces deux noms et enfin il me dit : " M'enfuirai-je? C'est ce qu'on serait peut-être bien aise que je fisse? Me cacher? Cela ne serait pas expédient, car quel prince, si ce n'est peut-être la République de Venise, me donnerait sa protection? Irais-je à Livourne? Cela ne serait guère honorable pour moi... Dites-moi, ou écrivez-moi exactement tout ce que vous apprendrez de ma destinée, et surtout gardez-moi le secret. '' Il m'embrassa les larmes aux yeux et je ne pus m'empêcher de pleurer. »

Brienne arrive à Nantes et se précipite, au bas des degrés, à la rencontre du roi dont « il saisit en main l'étrier du cheval ». Aussitôt le souverain lui commande d'aller prendre des nouvelles du Surintendant ; pendant toutes ces journées, le roi ne cessera de s'informer de la santé de Fouquet, non point par sollicitude, évidemment, mais de la grande crainte qu'il n'ait fui.

Le lendemain, Brienne se présente au château, trouve la salle des Gardes encombrée de mousquetaires et la porte qui menait chez le roi condamnée par ordre royal. Il fallait faire un détour par la terrasse, mais, là encore, on n'était pas arrivé, car pour accéder à la chambre du roi il fallait s'engouffrer d'abord dans un étroit boyau creusé dans le mur.

Brienne trouve le roi assis à la table placée devant la porte condamnée ; cette table était couverte de papiers ; précipitamment, voyant entrer le jeune homme, Louis XIV s'empare d'une étoffe de taffetas vert et la jette sur les papiers pour les dissimuler. A nouveau, le roi ordonne à Brienne d'aller chez le Surintendant, et Brienne y court.

Ici se place une nouvelle conversation qui semble invraisemblable, mais peut être vraie. Fouquet vient d'être averti par Péguilhem qu'on médite de l'arrêter, mais il n'y croit pas. Il a même l'air de se moquer de ces messagers porteurs de mauvaises nouvelles et à Brienne qui prétend avoir dit (franchise peu probable) « ces manigances ne me plaisent guère » il répond d'un ton fort gai que c'est lui-même qui a conseillé ces mystères au roi « afin de couvrir notre jeu », qui est l'arrestation de Colbert. Impossible d'être plus et mieux trompé.

Brienne revient au Château rendre compte au roi, qui le retient à souper, après l'avoir longuement questionné sur la santé de Fouquet.

« Il me laissa entrevoir son dessein et je ne doutais plus de la perte du Surintendant... J'étais sur le point de perdre un fort généreux (*sic*) ami ; ce qui acheva de m'en convaincre, ce fut, d'abord, que Sa Majesté me demanda si j'avais trouvé de ses mousquetaires sur le devant du logis de " Fouquet ", qu'il n'appelait plus *Monsieur* : la seconde, c'est que le roi me dit, à la fin du jeu : " Allez vous reposer, car il est tard, et il faut que demain vous soyez à six heures *chez Fouquet* et l'ameniez ". »

Comme l'on voit, Fouquet était encore entouré des prévenances les plus intéressées. Le secret enveloppait la conspiration royale. Le roi et Colbert avaient tout l'air de gens qui préparent un mauvais coup.

Dès son arrivée à Nantes, le roi avait convoqué d'Artagnan, lieutenant de sa première compagnie de mousquetaires, les Gris, mais celui-ci, malade, dut remettre par deux fois sa visite. Louis XIV s'impatientait ; il n'avait confiance qu'en lui et en cette compagnie montée, la plus noble des deux. Enfin, le dimanche 4 septembre, à midi, d'Artagnan rétabli, après avoir passé trois jours au lit, se présenta au roi qui lui donna oralement l'ordre d'arrêter Fouquet. La chose lui parut si énorme qu'il osa demander une confirmation par écrit. Pour que sa visite au roi n'éveillât pas l'attention, il avait été convenu que d'Artagnan sortirait, en ayant l'air de remercier le roi, comme s'il venait d'être l'objet de quelque faveur. D'Artagnan tenait sous le bras un paquet de papiers : c'était le mandat d'arrestation, avec tous les détails de l'opération, la route à suivre, etc... (les copistes qui avaient rédigé ces pièces étaient enfermés au secret depuis vingt-quatre heures).

8

Puis d'Artagnan alla demander un ordre écrit chez
Le Tellier. Ces instructions écrites, l'Histoire les a
conservées (*Ravaisson*, *Archives de la Bastille*).

Le 5, le roi devait faire semblant de chasser. Il
commanda à quarante mousquetaires gris, divisés
en escouades, d'être à cheval dès l'aube, et de prendre
position autour du château, comme pour une chasse.

Toute la journée du 4 septembre, le roi sembla
s'intéresser encore vivement à la santé du Surintendant ; il envoya plusieurs fois savoir de ses nouvelles. Il fallait gagner du temps, obtenir de Fouquet
le plus d'argent possible pendant ses dernières heures
de liberté. Prévoir aussi les conséquences désastreuses qu'allait avoir l'opération : la panique financière, la disparition des traitants et de tous ceux qui
n'avaient pas la conscience tranquille ; procéder au
blocage de leurs biens, aux scellés sur ceux de Fouquet, à la résiliation des fermages d'impôts et, en
général, de toutes les opérations faites sous la
signature du Surintendant.

Dès cinq heures du matin, Brienne, qui avait
reçu l'ordre d'aller chercher Fouquet à l'hôtel de
Rougé, se présenta pour l'amener au Conseil, mais
Fouquet l'avait devancé. Le Conseil eut lieu, comme
prévu. Lorsqu'il fut terminé, Le Tellier, Lyonne,
Colbert sortirent. Le roi retint Fouquet, lui donna
de feintes marques d'intérêt, fit semblant de chercher
un papier introuvable, finit par mettre la main
dessus, attira un moment encore le Surintendant
dans l'embrasure d'une fenêtre, pour s'assurer, par-
dessus son épaule, que tout le dispositif était en
place dans la cour, puis le congédia.

Fouquet descendit l'escalier, se frayant, comme d'habitude, non sans difficulté, un chemin, parmi la foule des quémandeurs, car il était beaucoup plus sollicité que le roi lui-même. Ordre avait été donné de ne l'arrêter qu'après les barrières (c'est-à-dire hors de la limite de la Cour, où commandait un autre officier, le marquis de Gesvres, très à cheval sur ses prérogatives, et qui, lui, n'était pas dans le secret). A ce moment, il se produisit un remous inattendu : Fouquet se perdit dans la foule, échappant aux regards de d'Artagnan, qui envoya aussitôt son second, Saint-Mars, prévenir le roi de ce mécompte. « Je le trouverai bien ! » s'exclama Louis XIV avec humeur. En effet, quelques minutes plus tard, le Surintendant était retrouvé ; il venait de monter en chaise à porteurs. Peut-être Fouquet avait-il pris une autre chaise que la sienne, espérant se sauver par quelque chemin détourné ? D'Artagnan le rejoignit place de la Cathédrale avec quinze mousquetaires, à sept heures et quart du matin, mit pied à terre et lui annonça qu'il le faisait prisonnier. Très pâle et maître de soi, Fouquet murmura : « Le roi est le maître... » Puis il se tourna vers quelqu'un de sa suite et lui dit ce seul mot : « A Saint-Mandé... » (c'est-à-dire « Prévenez Mme du Plessis-Bellière, qui mettra mes papiers en sûreté »). On le fit alors entrer dans une maison qui se trouva être celle d'un des oncles de Fouquet, M. de Fouché, et qui, pour lui, devait être remplie de souvenirs d'enfance.

D'Artagnan fouilla le Surintendant, envoya au roi les papiers saisis et lui offrit le bouillon prévu.

Le prisonnier fut alors transféré dans un carrosse du roi, avec quatre officiers de mousquetaires. « Je voudrais offrir Belle-Isle au roi » dit-il comme le carrosse l'emmenait vers Angers, où il devait arriver le 7 septembre. Trop tard...

Déjà les perquisitions commençaient à l'hôtel de Rougé ; Boucheret, ennemi juré de Fouquet, faisait l'inventaire des papiers et chargeait Brienne de « dire à Sa Majesté que vous m'avez trouvé ici et que j'exécute les ordres. Elle sera contente de mon travail et des découvertes que j'ai faites ».

En rentrant de cette mission, Brienne aperçut Fouquet dans un carrosse fermé d'une cage, ou treillis de fer, et entouré de mousquetaires. « Ainsi la capture était déjà faite quand j'arrivai » (5 septembre 1661).

Dès que la nouvelle fut certaine, le roi entra dans la Salle des Gardes, où la Cour se trouvait réunie. « Fouquet vient d'être arrêté sur mon ordre, dit-il... Cette mesure était décidée depuis quatre mois déjà... Il n'y aura plus de Surintendant... »

Ce fut aussitôt la fuite éperdue de ceux qui couraient mettre leurs papiers en sûreté, et des autres, qui allaient aux nouvelles. En secret, La Forêt, le fidèle valet de chambre de Fouquet, se ruait à Paris et à Saint-Mandé, accompagné de tous les vœux des amis du Surintendant.

« J'ai goûté le soir de l'arrestation de Fouquet le plaisir qu'il y a à travailler soi-même aux Finances », a écrit Louis XIV. Le roi voulait dire : J'étais désormais certain que j'allais pouvoir dépenser l'intégralité des recettes du Trésor, et marcher à mon tour, mais au nom de l'État, sur les traces magnifiques de Fouquet.

Ce qui reste incompréhensible, c'est l'inertie de Fouquet devant le danger imminent. Était-il si malade? Abusé par les flatteurs? Mal renseigné? Préférait-il vider l'abcès et se justifier publiquement? Était-il certain de pouvoir rétroactivement faire appel à un Parlement qu'il croyait encore à sa dévotion? Ignorait-il l'étendue des haines soulevées? Colbert, le traître Basile Fouquet, Mme de Chevreuse, Laigue, La Vallière, Le Tellier, Séguier, Talon, autant d'ennemis féroces.

Sur la Loire, il avait deux jours d'avance. A Nantes, il comptait de nombreux parents qui l'eussent pu cacher ou fait fuir. Pourquoi n'a-t-il pas couru droit à Belle-Isle, dont la garnison était à sa solde? Pourquoi un de ses navires ne l'attendait-il pas à l'embouchure de la Loire?

La seule explication, c'est qu'entre lui et le roi il y avait des secrets qui le mettaient, croyait-il, à l'abri. Ses *Défenses* y feront continuellement allusion. S'agissait-il du Cardinal, de la reine-mère, du roi lui-même, d'un jumeau royal ou d'un frère adultérin, si l'on veut retenir une des hypothèses sur le Masque de Fer?

Louis se connaissait en hommes; il n'a jamais pensé que Fouquet pût révéler ces secrets, mais qu'ils existent, comment en douter, si on se souvient que, Colbert mort et sa haine éteinte avec lui, Louvois, qui lui succédait, n'ait adouci qu'à l'extrême fin la rigueur exercée sur le prisonnier de Pignerol et les règles étroites sous lesquelles on l'a fait vivre pen-

dant vingt ans. Il ne fallait pas que Fouquet ou-
vrît la bouche ; Fouquet ne l'ouvrira jamais, ni
au procès, ni avec Saint-Mars, ni même avec
Lauzun.

XIV

A SAINT-MANDÉ
DERRIÈRE UNE GLACE...

Le 7 septembre, Fouquet, venant de Nantes,
était incarcéré à Angers ; commencement d'un
calvaire de vingt années, de prisons en donjons,
de cellules en cachots.

Partout les scellés étaient mis, à Paris, à Vaux,
puis à Fontainebleau, dans les bureaux de la Surintendance. Un courrier du roi en avait, à bride abat-
tue, apporté l'ordre, tandis que le fidèle valet de
Fouquet cherchait à le gagner de vitesse, afin d'avertir
les amis du Surintendant de se garer à temps. Chargé
d'apposer les scellés, Séguier, un bon collègue,
faisait déjà des mots : « Fouquet voulait les sceaux,
il les a. »

Un conseil spécial allait gérer les fonds publics
jusqu'en 1665, époque à laquelle Colbert sera nommé
contrôleur général des Finances ; il devait le rester
pendant vingt-deux ans, lié pour toujours au roi et
à cet emploi.

Aussitôt après l'arrestation, Colbert brandit son
plan, tout prêt, mûrement médité : Cour de justice,

annulation des contrats en cours, banqueroute par-
tielle, examen total de l'état des finances, réforme
de la comptabilité. La première mesure fut l'ordre
donné aux trésoriers de ne plus rien payer sur la
signature de Fouquet.

Pendant toute la fin de l'année 1661, Colbert s'em-
ploya à travailler l'opinion, à l'indisposer contre le
Surintendant. Pour lui aliéner le Parlement, on faisait
circuler ses fiches sur les parlementaires ; pour exci-
ter l'envie, des listes de pensionnés ; on envenimait
le futur débat en répandant partout des copies de
lettres de femmes, découvertes à Saint-Mandé, dans
une certaine *cassette*. La « cassette de Fouquet » fut
vite célèbre ; chacun et chacune cherchaient, à l'aide
de faux écrits et de faux bruits, à mettre ses ennemis
en posture d'amoureuses intéressées ou de préva-
ricateurs. Une lettre d'une dame anonyme : « Je hais
le péché, mais je crains encore plus la nécessité ;
c'est pourquoi venez tantôt me voir », était attribuée à
cent dames de la Cour. Les lettres existent encore
à la Bibliothèque nationale (*Fonds Baluze*). Aucune
n'était bien compromettante, même celles de Mme de
Sévigné intervenant en faveur de parents. « Ce
n'était qu'une liasse, transformée par Bussy-Rabutin
en cassette, par Chapelain en registres » (Lair). Une
seule de ces lettres respire un amour vrai ; c'est un
billet de quelques lignes ; on ne sait qui l'a écrit.
« Je pars, à la fin, demain, assez incommodée, mais
ne sentant pas mon mal, dans la joie que j'ai dans
la pensée de vous voir bientôt. Je vous en prie que
le jour de mon arrivée j'aie cette satisfaction... Je
sens qu'il ne serait pas bon que je vous visse la

première fois en cérémonie, parce que ma joye serait trop visible. Adieu, mon cher, je t'aime plus que ma vie. »

Colbert avait été le premier à courir à Saint-Mandé et à fourrer le nez dans les papiers de son ennemi. Là, il fit soigneusement le tri de tout ce qui allait lui servir, détruisant ce qui pouvait lui être nuisible. « Ni commissaire, ni procureur, ni partie intéressée... on sonde les voûtes, on dresse des procès-verbaux inexacts » (Lair). Colbert remplit des cassettes de liasses et de cahiers, qu'on ne reverra plus. Des créanciers et des curieux ayant voulu se mêler aux recherches, il leur est répondu que l'affaire est « hors de la règle ». Dès lors, toute forme de procédure disparut. A Le Tellier, ennemi mortel de Fouquet, les documents politiques, et à Colbert les affaires financières.

Pendant ce temps, Mme Fouquet était reléguée à Limoges, Pellisson mis à la Bastille, où il devait rester jusqu'en 1666. Les plus compromis, Catelan, Monnerot, Jeannin, Mme du Plessis-Bellière, en prison ; les enfants de Fouquet, abandonnés, ne devaient être rendus à leur grand-mère que sur l'intervention d'Anne d'Autriche. Les secrétaires d'État Guénégaud et Pomponne sont poursuivis ; Saint-Évremont, après avoir confié ses papiers à Ninon de Lenclos, qu'il nommait « sa belle gardeuse de cassette », passait la Manche, pour ne plus revenir ; Bruant file en Hollande ; quant à La Fontaine, il alla se faire oublier en Limousin. Des *avertissements,* dans toutes les églises, étaient destinés à provoquer les dénonciations contre les traitants, à qui il était

fait défense de sortir de leur ville. Le fidèle Gourville se réfugiait à Dijon, chez Condé ; là il devait
apprendre qu'on l'avait brûlé à Paris, en effigie ; des
amis lui envoyèrent même le mannequin : « Je ne
suis pas ressemblant », répondit-il. La mère et la
femme de Fouquet, qui se montrèrent admirables
pendant tout le procès, se voyaient toujours
repoussées. C'est alors que Mme Fouquet mère, amie
de Monsieur Vincent, eut ce mot, si XVIIe siècle :
« Merci, mon Dieu. Je vous avais toujours demandé
son salut ; en voilà le chemin. »

Quant aux courtisans, ils furent ce que toujours
ils sont : à les entendre, ils n'avaient jamais connu
Fouquet. Un de ceux qui lui devaient le plus d'argent, le marquis de Gesvres, se faisait remarquer,
au Louvre, éloquent à le décrier, disant « qu'il
regrettait de ne pas avoir été choisi par le roi pour
arrêter Fouquet ». « Jamais il n'avait reçu tant de
dégoûts », comme disait Saint-Simon. Quant aux
Jésuites, sur lesquels le Surintendant avait tellement
compté, on n'en entendit plus parler ; comme les
femmes, les Jésuites n'aiment guère les malchanceux.

Seuls, deux gros financiers furent condamnés à
mort, mais par contumace ; les autres s'en tirèrent,
au total, avec une centaine de millions et passèrent
à travers les mailles du filet.

Remplacé dans sa cellule de Nantes par son cher
Pellisson, de l'Académie française, Fouquet continuait d'être transféré de ville en ville. Par les *Mémoires* (apocryphes) de son geôlier d'Artagnan,
qu'on aurait aimé voir dans un plus beau rôle, nous
pouvons suivre son chemin de croix : Oudon, In-

grandes, Angers, Amboise, dont La Fontaine disait, en des vers qui ont l'accent de Villon :

> *Qu'est-il besoin que je retrace*
> *Une garde au soin nonpareil,*
> *Chambre murée, étroite place,*
> *Quelque peu d'air pour toute grâce,*
> *Jours sans soleil,*
> *Nuits sans sommeil,*
> *Trois portes dans six pieds d'espace.*

De là, au milieu des cris du populaire, soigneusement orchestrés, Fouquet fut amené à la Bastille, non sans avoir failli être écharpé à Tours, « si bien qu'il lui fallut prendre la route à trois heures du matin ».

Rien n'empêchait l'aveugle Fouquet de mettre sa confiance dans le roi; il ne devait jamais comprendre que Louis XIV et Colbert ne faisaient qu'un. Il aime le roi d'amour, comme l'a aimé Racine. Toujours, il vit en Louis XIV un arbitre, alors que le monarque n'était que partie, et partie très prenante. Pendant son procès, Fouquet ménagera le roi même quand il ne ménagera plus personne. Mais le roi refusa tout contact direct. A sa mère Anne d'Autriche, Louis XIV, parlant de Fouquet : « Je vous prie de ne jamais me demander sa grâce. » Racine l'a entendu dire, chez La Vallière, « que si Fouquet avait été condamné à mort, il l'aurait laissé mourir ». Bien sûr; Louis XIV a tout fait pour tuer son ancien Surintendant. « Déplaire au roi, ou avoir tort, c'est la même chose » (Bussy-Rabutin).

Pendant que Fouquet mettait son espoir en

Louis XIV, tout son rêve d'amateur de beauté
s'écroulait : son peintre Le Brun passe à Colbert,
avec pinceaux et palette, amenant avec lui les ateliers
du Maincy, qui vont devenir les Gobelins ; « les tapisseries commencées par Fouquet étaient terminées
pour le roi, le lys prenant la place de l'écureuil »
(Châtelain). « Tous les entrepreneurs de Fouquet,
Villedo et Bergeron. Pour le menuisier, Girardon,
Augier, Courant, passent à Versailles » (Nolhac).
Le roi prenait tout et tous, Le Vau, Le Nôtre, La
Quintinie ; les livres, les meubles (on vendit à Saint-
Mandé pendant un an) et même les statues non ter-
minées, comme l'*Hercule gaulois*, de Puget.

On comptait trouver de grosses sommes chez
Fouquet, mais il n'avait rien, que du crédit. Vaux
n'était pas payé. Sans capital, il avait engagé la fortune
de sa première, puis de sa seconde femme, Marie-
Madeleine de Castille, fille d'un maître de requêtes
(et, par un curieux retour des choses d'ici-bas, cousine germaine de la veuve du malheureux Chalais,
jadis condamné par le père de Fouquet), qui lui avait
apporté entre cinq cent mille livres et un million de
dot. Il prenait d'immenses risques, au nom du roi.
D'où le haut prix qu'il les faisait payer. Il ressemble
au héros de La Bruyère, « cet homme qui a fait la
fortune de plusieurs et n'a pu soutenir la sienne ».
« Il n'était pas riche et devait beaucoup plus qu'il
n'avait vaillant », écrit une femme très renseignée,
puisqu'elle est à Anne d'Autriche, Mme de Motteville. Le contraire de Colbert, qui s'enrichissait
doucement, mais sûrement, et en numéraire. Comme
comptant, ce qu'il avait sur lui à Nantes lui avait été

confisqué. Il est possible qu'il dépensât plus que le roi, mais ses dépenses comprenaient une bonne partie de celles du roi. « Le roi ne manquait pas d'argent, mais il le payait très cher » (Gourville). Fouquet, dont le soin était de ne jamais laisser Louis XIV à court, le payait au moins aussi cher. « Ses voleries m'étaient depuis longtemps connues » dira le roi, sans ajouter que lui-même, depuis longtemps, en profitait.

Dans ses *Instructions au Dauphin*, Louis XIV écrit que « de toutes les affaires qu'il a eues et traitées, le procès du surintendant était celle qui lui avait fait le plus de peine, et causé le plus d'embarras ». Mettons : qui lui a *donné* le plus de peine, et l'on sera plus près de la vérité. Le roi a tout mis en œuvre, dès le début, pour que Fouquet soit condamné à mort ; on verra que, n'ayant pu y réussir, le souverain, fait à peu près sans exemple — iniquement et hypocritement —, commua la peine en une condamnation beaucoup plus grave.

« Tout le monde faisait des affaires ; le tort de Fouquet fut d'en faire plus qu'un autre, avec profusion, avec scandale » (Sainte-Beuve). Si même il fut malhonnête et damnable, Fouquet, du moins, était généreux et bon, tandis que Mazarin, Colbert, Séguier, la Montespan, bien d'autres héros de ce temps, furent à la fois malhonnêtes et méchants.

En attendant le procès, les gens d'affaires achetaient leur impunité ; les saisies n'avaient pas donné lieu au scandale sur lequel Colbert comptait. Pussort, l'oncle de Colbert, épluchait en vain les registres de l'Épargne. Berryer lui fut adjoint.

Le 15 novembre 1661 parut l'édit portant création

de la Chambre de Justice « pour rechercher les abus
et malversations commis depuis 1635 » (c'est-à-dire
avec effet rétroactif). Colbert avait veillé au recrute-
ment.

Fouquet, on l'a vu, avait prié d'Artagnan de faire
savoir au roi qu'il lui donnait Belle-Isle : après s'être
récusé, d'Artagnan avait accepté de transmettre le
message : le 9 septembre, un détachement royal prenait possession du fort. Colbert connaissait toutes
les opérations financières de Fouquet ; il savait où
trouver les dossiers. Ce qui lui manquait, ce qu'il
cherchait, c'était la preuve d'une éventuelle rébellion
de Fouquet : depuis longtemps il avait subodoré un
complot breton ; sinon, que signifiaient ces fortifications mystérieuses, ce port agrandi par des Hollan-
dais, ces navires appartenant à Fouquet ou à son
cousin Fouquet-Chaslain, Président du Parlement
de Bretagne, cette escadre commandée par Neuchèze, une créature de Fouquet, ces flottes occupées
à faire la navette entre Madagascar et Belle-Isle, entre
Belle-Isle et les Antilles, dont les Fouquet possé-
daient une île, Sainte-Lucie ? Il fallait à Colbert la
preuve des machinations que cachait Belle-Isle et
qu'il devinait, avec ce flair qu'ont les domestiques
pour déceler les secrets de leurs maîtres. Cette preuve,
la seule qui entraînât l'accusation de lèse-majesté et
la peine capitale, il la lui fallait absolument, elle ne
pouvait être qu'à Saint-Mandé : et inlassablement, à
Saint-Mandé, Colbert faisait soulever les parquets et
démonter les boiseries. Enfin Colbert peut sauter de
joie ; derrière une glace, on découvre le plan déjà
ancien des fortifications, accompagné d'instructions à

n'exécuter qu'en cas de disgrâce : Mᵐᵉ du Plessis-
Bellière devait s'entendre avec les gouverneurs bre-
tons qui s'enfermeraient dans leurs places fortes ; à sa
femme, Fouquet recommandait de se réfugier dans
un couvent ; à son gendre, de tenir Belle-Isle ; à ses
frères, d'agir sur le clergé et sur le Parlement. Ce plan
périmé, oublié, qui n'avait jamais reçu l'ombre d'un
commencement d'exécution, allait être la pièce maîtresse de l'accusation échafaudée contre le Surintendant.

XV

« LE SIEUR FOUQUET... »

Au début du procès, à l'exception d'un petit groupe d'amis, l'unanimité s'était faite contre le Surintendant : trop de richesses, trop de voleries. C'est l'honneur de Fouquet et le déshonneur de Colbert qu'un presque total revirement ait pu se produire et que cet accusé, haï et hué, ait été finalement acclamé.

Devant les criantes irrégularités de la procédure, le sens de la justice s'éveilla, comme il s'éveille toujours dans les cas de juridictions d'exception, qui finissent par retourner l'opinion contre elles. Le Français, moins que tout autre peuple, accepte l'injustice; il trouve intolérable que les plateaux de la balance soient truqués et se sent atteint quand l'équité est violée; elle le fut au procès de Fouquet, impudemment.

La Chambre de Justice avait été composée avec soin; c'est dire qu'elle comptait le plus grand nombre possible d'ennemis personnels du Surintendant. Pour commencer par les plus tarés, un coquin, vendu à Colbert, et qui se fit prendre dix fois à falsifier des

papiers, retoucher des signatures, égarer exprès des
pièces et faire passer toutes ses trouvailles, vraies ou
fausses, sous les yeux de Colbert, fut appointé greffier
de la Chambre; il s'appelait Foucault et n'était même
pas greffier de son état. Un faussaire perdu de réputation, Berryer, devint le secrétaire de la Chambre,
« chargé d'en conduire toutes les affaires ». Lamoignon présidait, brave homme trop consciencieux
pour les desseins de Colbert. A propos de la désigna-
tion des rapporteurs récusés par Fouquet, il osa pré-
senter des objections au roi, qui répliqua sèchement :
« Dites que c'est moi qui vous l'ai commandé. » Colbert s'empressa de lui adjoindre le chancelier Séguier.
C'était un vieux monsieur saisi par la débauche, qui
courait les filles sous le nom de Pierrot, tout en se
bourrant les poches d'amulettes et de reliques. Perdu
de vanité, il arrivait aux séances, l'insigne du Saint-
Esprit au cou, et n'avait qu'une crainte, se sachant
malade, c'est que le procès durât trop longtemps pour
lui laisser la possibilité, de son vivant, d'être, en
récompense, fait duc de Villemor.

Sainte-Hélène et Ormesson furent nommés rapporteurs et immédiatement récusés par Fouquet à
cause de leur intimité avec Berryer, l'homme qui
avait le plus cyniquement tripoté dans les papiers de
l'accusé. En général, les récusations de Fouquet
étaient si solidement motivées que la Chambre ne les
rejetait qu'à une faible majorité, et encore sous la
pression occulte de Colbert.

Le plus dangereux de ces juges était Pussort, oncle
de Colbert, noiraud fanatique et savant, écumant d'une
haine pire que celle de son neveu. Tout le long du

procès, il interviendra, empiétant sur les attributions des rapporteurs, soufflant aux magistrats la sévérité, complimenté d'ailleurs ouvertement par le roi sur son zèle. Récusé par Fouquet pour avoir sciemment fait état d'un procès-verbal faux (ce fut là un beau scandale, même dans cette Chambre si bien ménagée), il se maintiendra, contre l'avis de la plupart des membres.

Le Procureur général était Denis Talon, fils du célèbre Omer Talon, « l'ami du peuple ». Il fut, avec l'excellent Ormesson et pour des raisons opposées, la plus curieuse figure de cette Chambre ardente. Lair le dépeint ainsi : « De tenue médiocre, même sale, il vivait d'une vie étroite, à côté d'une femme nulle, sous la surveillance d'une mère acariâtre et trop vertueuse. » Ce magistrat intègre et austère avait des griefs personnels contre Fouquet. Pour se l'attacher encore plus solidement, Colbert lança sur Talon une aventurière, Françoise Mignot, qui s'était fait épouser par le vieux maréchal de L'Hôpital. La manœuvre tourna tout autrement que prévu : Talon tomba amoureux, premier amour d'un homme chaste ; il en eut la tête à l'envers ; on put voir ce magistrat si dur, si animé contre Fouquet, si dangereux pour la défense, tout à coup, affolé par une coquette, perdant le sens, embrouillant tout, jusqu'à oublier son accusation et, finalement, se faire dégommer par Colbert, furieux, qui le remplaça par Chamillart. Celui-là était docile et zélé à souhait et n'agissait que sur les consignes de l'infâme Berryer. Plat devant Colbert, arrogant devant Fouquet qu'il assura pourtant un jour de « son respect » pour faire oublier une scène

ridicule qu'il avait faite à la Bastille, où il s'était rendu
avec Ormesson, devant un Fouquet d'une tenue,
d'un esprit et d'une éloquence admirables.

« Il faut avouer que cet homme est remarquable »
dira plus tard l'honnête Renard, qu'on ne put jamais
influencer. Colbert ne ménageait pourtant pas les dé-
marches ; il était allé en personne parler à André d'Ormesson, père du rapporteur Olivier. C'est qu'entre-
temps, on s'était aperçu que la haute conscience de
ce dernier l'éclairait peu à peu sur l'innocence de
l'accusé ; le vieil Ormesson répondit à Colbert qu'il
était bien fâché que le roi ne soit pas satisfait de la
conduite de son fils, mais que celui-ci, étant rapporteur, devait tenir la balance égale, et il ajouta : « On a
ôté à mon fils l'intendance de Soissons ; il n'en rendra
pas moins bonne justice ; nous avions peu de biens,
mais ils nous viennent de nos pères. »

Cet échec n'arrêta pas Colbert ; il envoya Séguier
promettre à Pontchartrain cinq années d'appointements, huit mille livres pour le rachat de ses rentes,
etc., etc., en vain, car le fils Pontchartrain, écho de
l'opinion publique, avait dit à son père : « Monsieur,
si vous votez la mort, je quitte la robe. » Les enfants
du juge Catinat, dont l'un deviendra le Maréchal de
France, s'étaient eux aussi jetés aux pieds de leur
père. Et le courageux Masnault osa dire : « Si Monsieur Fouquet prouve que Monsieur Colbert a comploté sa perte, ce serait l'anéantissement de la procédure. »

Toujours Colbert derrière les juges, toujours le roi
derrière Colbert, à croire que sous cette haine royale
se cachait un sentiment plus fort : la peur ; la peur de

voir le royaume encore mal assuré après la Fronde se
dissoudre, perdre une Bretagne et une Normandie
soulevées par le rebelle Fouquet (Louis XIV le dira à
plusieurs reprises).

Pendant que se jouait cette comédie parodique,
Fouquet était traîné de prison en prison. Il en fit six,
avant d'être incarcéré à la Bastille, sous la garde de
d'Artagnan qui occupa avec ses mousquetaires gris
tout un quartier de la Bastille, remplissant les
fossés de sentinelles.

D'abord inerte, en proie à cette même apathie qui
étonna, lors de son arrestation, Fouquet s'était ressaisi.
Interrogé dans sa cellule (4 mars 1662) par Poncet,
maître des requêtes, et Renard, conseiller au Parlement de Paris, Fouquet est requis de prêter serment.
Il répond sèchement que rien ne lui a été notifié, que
tout contact avec l'extérieur lui est coupé depuis six
mois, que, depuis Nantes, on le fait vivre dans une
totale obscurité, au secret, sans papiers, ni encre, ni
médecin, ni confesseur. Ses cheveux étaient devenus
tout blancs. Il invoque son privilège d'ancien parlementaire et demande à s'expliquer seul à seul avec
Sa Majesté, « ayant beaucoup de choses secrètes » à
lui faire entendre. (Le procès-verbal, rédigé par le
greffier Foucault, ne fait aucune mention de ces
doléances.)

A l'interrogatoire suivant, sans doute parce qu'il
attendait le résultat de son appel au roi, Fouquet,
s'étant complètement repris, refusa de répondre. Pour
l'obliger à parler, la Chambre le fit chanter, en lui

refusant un confesseur tant qu'il garderait le silence.
Fouquet céda.

Ce jour-là et les suivants, il fut interrogé sur ses
acquisitions pendant sa surintendance, sur ses prêts
et dettes, sur son argent liquide; les enquêteurs trouvèrent huit millions de dettes et à peine cinq cent
mille francs de revenus à lui (le seul Vatel lui coûtait
trois cent trente-six mille francs!); ses dépenses, qui
atteignaient dix à douze millions, pourraient, avec un
peu d'indulgence, être considérées comme son chiffre
d'affaires; quand Séguier l'accusait « de confondre
son bien avec les finances de Sa Majesté », cela n'était
pas tout à fait faux..., avec cette réserve que, dans ces
dépenses, il rentrait un bon nombre de celles de
Louis XIV : Fouquet avait montré son intention
d'offrir Vaux au roi, intention sûrement plus sincère
que celle de Mazarin, faisant de son immense bien
un simulacre de don à la Couronne.

Les 9 et 10 mars, Fouquet dut s'expliquer sur ses
relations avec les traitants et sur les intérêts qu'il
aurait pu retirer des privilèges concédés; sur les prêts
consentis; sur ses bénéfices dans les adjudications.
Imprudent, Fouquet ne demandait pas communication des procès-verbaux après chaque interrogatoire
(mais peut-être la lui refusa-t-on?). Or, ils étaient
tendancieux, passant sous silence les réponses con-
cluantes que faisait le prisonnier.

Colbert n'apparaît pas, mais il est là, partout,
toujours. Il pousse ses pions, les avance dans l'ombre,
dirige secrètement l'accusation.

L'interrogatoire du 14 mars porta sur l'emploi de
l'argent provenant de la charge de procureur, sur la

part de Fouquet dans le règlement de certaines charges achetées par lui pour des hommes qui lui étaient
dévoués, comme Créquy, général des Galères, comme
Neuchèze, amiral commandant la flotte océane; sur
ses pensions à des notabilités : six cent mille livres
au duc de Brancas, deux cent mille au duc de Richelieu, cent mille à Mme de Beauvais. Il fallut
bien reconnaître que Fouquet était contraint de
trouver vingt à vingt-cinq millions par an pour
Mazarin.

Tout ceci préparait l'interrogatoire capital où le
commissaire Poncet, démasquant ses batteries, le
questionne sur son mémoire relatif à Belle-Isle.
Fouquet répondit qu'il avait tout oublié de ce mémoire. C'était vrai. L'imprudent se doublait d'un
oublieux. On lui mit soudain sous les yeux le docu-
ment trouvé derrière la glace, à Saint-Mandé. Pendant quatre heures, diront ses *Défenses*, il s'expliqua
sur cette pièce, qu'il croyait avoir brûlée, qui n'avait
jamais servi et qu'il avait rédigée en un jour d'égare-
ment et d'inquiétude, où il avait craint l'humeur
ingrate du Cardinal. « L'interrogatoire tournait
toujours dans le même cercle et toujours en voulant
atteindre Fouquet vivant on touchait Mazarin
mort. » Ce cadavre cardinalice empestait de plus en
plus.

Fin mars, Fouquet demanda communication de
tout le dossier, afin de pouvoir consulter les pièces
nécessaires à sa défense. Il terminait par un nouvel
appel au roi, dont il relevait, comme Surintendant.
Le roi resta muet. Mme Fouquet parvint à remettre
à Louis XIV une supplique demandant la faveur de

partager la prison de son mari : la supplique resta sans
réponse et sans effet. « Messieurs les Foucquet »,
alliés aux ducs d'Aumont, aux ducs de Charost,
étaient bien déchus, le « Monseigneur » de naguère
était devenu « le sieur Fouquet ».

Une lettre de l'ambassadeur de Hollande à son
gouvernement dit « qu'il était à craindre que le procès
tourne mal pour l'accusé qui avait reconnu ses projets
de sédition » (cet ambassadeur était mal informé)...
« On se hâtera de prononcer la sentence. Assurément,
il y va de sa vie. »

Cependant, le bruit des habiles réponses de Fouquet avait percé les murs de la Bastille. L'avocat
Gomont, chargé de l'étude juridique du dossier,
sentait le vent tourner et demanda qu'on hâtât procédure et jugement, « la poursuite différée d'un crime
changeant les esprits, comme si le crime était changé ».
Colbert s'attirait l'aversion du public ; Hesnault, à
son intention, composait ces vers :

Vois combien des grandeurs le comble est dangereux,
Contemple de Fouquet les funestes reliques,
Et tandis qu'à sa perte en secret tu t'appliques
Crains qu'on ne te prépare un destin plus affreux.

Le procès devenait une manifestation contre le
pouvoir absolu. C'est à ce moment (juin 1662) que,
du fond d'un cachot s'éleva une voix, dont l'effet fut
extraordinaire ; Pellisson, embastillé, se portait au
secours du « Patron » et lançait son *Discours au roi*
par un de ses fidèles sujets sur le procès de M. Fouquet.
« C'est du Cicéron » a dit Voltaire. Immédiatement

convoqué devant les juges, Pellisson nia leur compétence et refusa net de répondre.

Ce qui émut aussi, c'est la protestation, en termes d'une grande noblesse, de Fouquet, se plaignant que l'on ait osé faire circuler des lettres de femmes. Le chancelier fut obligé de déclarer qu'on n'en lirait aucune, « le roi n'ayant pas voulu compromettre la réputation de quelques dames de qualité ».

En juin fut débattue la question, très discutée, des avocats à consentir ou à refuser à l'accusé. Si l'affaire de Belle-Isle était un crime de lèse-majesté, cela entraînait la suppression du droit de défense. Les fortifications de Belle-Isle furent qualifiées de lèse-majesté, mais sans l'être tout à fait ; la Cour n'ayant pu s'accorder sur ce point, l'affaire fut déclarée mixte, à la fois civile et criminelle, ce qui servait l'accusé.

Interrogé à nouveau, sans avocat ni communication des pièces, Fouquet refuse de répondre. Talon fait alors prendre un arrêt, ordonnant qu'il soit jugé comme un muet. Peine perdue ; homme du métier, Fouquet se défendait de mieux en mieux ; le procès traînait tellement qu'en juillet le roi convoque à Saint-Germain le président Lamoignon, les présidents de chambres, plusieurs conseillers, et leur signifie sa volonté d'en finir.

En septembre, Fouquet recevait enfin un conseil, les consciencieux et courageux avocats Auzarret et Lhoste ; mais il ne devait s'entretenir avec eux qu'en présence de Foucault, l'accusation de crime d'État n'ayant pas été entièrement retenue, mais tout de même évoquée.

En octobre, l'instruction préparatoire était terminée et les rapporteurs désignés. Mmes Fouquet ayant récusé Ormesson et Sainte-Hélène, le roi répondit « qu'elles craignaient l'intégrité de ces magistrats, et que c'était une raison de plus de les nommer ». Lamoignon eut beau représenter le mauvais effet que ferait cette décision, on passa outre.

Pour la première fois, Fouquet est averti par ses avocats des monstrueux abus de l'instruction. Aussitôt, il s'en plaint au roi. Cette supplique à Sa Majesté est le premier état de ses fameuses *Défenses*, où entrèrent aussi ses récusations, griffonnées en marge des *Extraits des procès-verbaux et scellés*. Fouquet décrit « le silencieux Colbert venant de nuit à Saint-Mandé faire main basse sur les papiers » ; de plus, ceux qu'il y laisse pour être inventoriés ne sont ni cotés ni paraphés, et des pièces fausses ont ainsi été impunément glissées dans les dossiers. Énumérant « d'autres calomnies bien noires et horribles », Fouquet prend vigoureusement à partie « le sieur Colbert qui me considère comme une proie ».

Au nom du roi, qui, d'ailleurs, était dans les Flandres, Colbert fit saisir ces protestations.

Déclaré forclos grâce aux manœuvres de Talon, Fouquet rédige alors un *Mémoire* justificatif, nouvel appel à la justice du roi contre un tribunal dont le siège était fait d'avance. Exaspéré, Colbert s'en prend à une Cour inefficace et remplace Lamoignon par Séguier.

A chaque nouveau tour de vis on sent le roi irrité par une opinion publique de plus en plus indulgente à l'accusé et sévère pour les outrageuses pressions de Colbert.

A la fin, malgré la mauvaise volonté générale, il fallut bien en venir à ce que Fouquet réclamait inlassablement : l'examen des procès-verbaux de saisie de ses papiers. Par douze voix contre dix, la Chambre refusa la présence de l'accusé. Il n'en était pas besoin : ce fut sensationnel ; les procès-verbaux étaient falsifiés, truqués, maquillés, à faire honte et peur aux plus furieux. Que les coupables, Berryer et Foucault, aient été maintenus, cela confond. Sur trente-trois procès-verbaux, Talon dut en abandonner vingt-quatre et ramener à trois ses quatre-vingt-seize chefs d'accusation. « Monsieur Talon, dit Fouquet, a été obligé de se départir honteusement de la plupart, chose inouïe pour un Procureur général » (*Préface aux Défenses*).

L'accusé voit que le moment est venu de foncer, et, sans plus combattre sur le terrain de la procédure, d'attaquer le fond du débat. Avec une étonnante audace, l'homme « dont le cœur est au-dessus des périls » demande qu'une information soit ouverte contre MM. Colbert, Foucault et Berryer, qu'il accuse d'avoir falsifié des dossiers et fait disparaître mille deux cents lettres de Mazarin et trois cents billets de Colbert et de Berryer. Chamillart s'indigne : « Accuser Monsieur Colbert qui a la confiance de Sa Majesté, c'est insulter le roi ! » Néanmoins la requête est jointe au dossier. « On ne peut nier, dit Ormesson soutenu par Masnault, que

Monsieur Colbert s'occupe assidûment du procès. »

C'est un grand succès pour Fouquet. Il fait ressortir d'autres irrégularités : il avait été déclaré forclos du droit de défense, à la demande de Talon, « faute de n'avoir pas satisfait à l'arrêt du 5 octobre ». Or, cet arrêt ne lui avait pas été signifié. En outre la confusion était telle que cet accusé forclos recevait depuis des semaines ses défenseurs. Pussort avait hurlé qu'il n'y avait qu'à le forclore et à le juger séance tenante, en lui ôtant le droit de réponse. La Chambre, divisée, ne savait plus trop ce qu'elle faisait, au point que Séguier, s'oubliant, rendit son salut à Fouquet...

Les requêtes de Mme Fouquet contre la compétence des juges avaient été rédigées en hâte, pour donner à l'imprimeur le temps d'éditer les *Défenses sur tous les points de mon procès, que j'aurais à proposer si j'étais devant mes juges naturels.* Ce cri d'un homme incarcéré, assassiné juridiquement, est d'une éloquence sans pareille. Écrites sur du papier fait avec des chemises, la suie de la cheminée pour encre, ces *Défenses*, transmises par un ramoneur, furent imprimées anonymement et clandestinement par les soins de la mère et de la femme de Fouquet, sur une presse cachée dans leur propriété de Montreuil-sous-Bois. Au début de 1663, elles furent répandues dans le public. La Fontaine, dans sa lettre du 30 janvier 1663, en félicite Fouquet. Les presses découvertes par la police furent saisies, mais les amis du Surintendant avaient réussi cependant à faire circuler ce libelle, aussitôt célèbre, où Fouquet, se faisant à la fois juge et partie, commençait par

s'accuser de crime d'État et de malversations financières, puis, prenant sa propre défense, réduisait
à néant toute l'accusation. *Les Défenses de Monsieur
Fouquet*, quinze petits volumes du style le plus ferme,
le plus vif et le plus élevé, constituent une longue
et d'autant plus belle plaidoirie qu'on avait refusé
à l'accusé notes, dossiers, encre et papier.

Furieux, Colbert, voyant l'avantage que prenait
Fouquet, le fit voyager une fois de plus et transférer
au donjon de Moret, près de Fontainebleau et de
la Cour, sans doute pour qu'il lui devienne presque
impossible de conférer avec ses avocats. Ceux-ci,
septuagénaires tous deux, montrèrent une remarquable endurance ; ils n'avaient la permission de voir
leur client que deux jours par semaine ; comme par
hasard, chaque fois qu'ils se présentaient, on prétendait que ce n'était pas le bon jour ; ils étaient mis
à la porte, mais ils tenaient bon et revenaient. Ces
misérables chicanes ne font honneur à personne.

Il fallut ramener Fouquet à la Bastille, d'autant
qu'il était enfin appelé à comparaître devant ses
juges, le 14 novembre 1664, après trois ans et trois
mois de prison. Debout devant la sellette, car s'y
asseoir et prêter serment eût été reconnaître la
juridiction récusée, Fouquet, point par point,
prend à la gorge l'accusation. Tout Paris applaudis-
sait à ses réponses fermes et habiles. Certains
conseillers, impressionnés, allèrent jusqu'à lui rendre
son salut, comme l'avait fait un jour Séguier. L'accusé
avait réponse à tout et ne ménageait plus que le roi.
Il mettait en cause Mazarin et Colbert. « On ne pouvait avoir de règle certaine avec M. le Cardinal... Il

ne donnait jamais d'ordre précis... Il blâmait et per-
mettait, quitte à désapprouver après » (lire : après
qu'il avait touché l'argent). Mazarin ne possédait
rien, en 1651. D'où lui est venue son immense fortune, faite en moins de dix ans ? A-t-il été inquiété
pour cela ? Fouquet ne se gênait plus pour dévoiler
les turpitudes de Mazarin, bien qu'avec courtoisie :
« Une de mes plus grandes douleurs est de ne pouvoir
me défendre sans parler du Cardinal, auquel plusieurs croient que je dois tout, sans savoir ce qu'il
devait à mes services. » Poussé à bout par Talon,
qui l'accusait d'ingratitude, l'accusé éclata : « Monsieur Talon prétend-il me persuader que celui-là
soit mon bienfaiteur, qui médite ma perte pour s'assurer mieux les avantages qu'il a tirés de moi ? »
Avec Colbert, le discord fut éclatant : Fouquet
l'accusa formellement d'avoir touché l'argent du
voyage du roi aux Pyrénées et de n'en avoir jamais
rendu compte. A ceux qui lui reprochent de s'être
enrichi, le Surintendant répond : « Que mes ennemis
se chargent de tous mes biens, à condition de payer
mes dettes, je leur fais don du reste. » Cent fois, il a
offert une démission toujours refusée. « Au moindre
mot j'eusse remis tout, sans qu'il eût été besoin
des extrémités où l'on m'a mis. » On rejette sur lui
le fardeau de la preuve, en lui refusant tous les
moyens de l'établir. On lui fait un péché d'un vague
projet. C'est revenir au temps de François Ier, où
un gentilhomme fut exécuté pour avoir, en songe,
attenté aux jours du roi ! « Rien de ce qui a été fait
par moi, déclarait-il, ne l'a été autrement que par
ordre de M. le Cardinal... Sans mon crédit, et sans

les risques que j'ai courus, dont j'avais mille témoignages authentiques par les lettres du Cardinal... »
et il en lut une, celle que lui avait écrite Mazarin en
remerciement, si émouvante que des conseillers
eurent les larmes aux yeux. « Le succès en eût été
bien plus avant, si le sieur Colbert n'avait pas eu
soin d'amasser des trésors d'argent comptant et de
les mettre hors du commerce. » Mazarin s'était
enrichi de cinquante millions, et Colbert « avait sa
bourse et son cœur ». Avec l'éloquence que donne une
juste indignation, Fouquet crie : « Mes ennemis ne
se sont pas contentés d'abuser de leur autorité pour
me perdre..., d'y avoir employé des artifices, d'avoir
violé toutes les lois du royaume..., de s'être dispen-
sés de toutes les formes essentielles des procès cri-
minels..., d'avoir suborné des témoins pour déposer
des faussetés, d'en intimider d'autres... d'avoir
maintenu des juges notoirement suspects enfin
d'avoir supposé, tronqué ou altéré la plupart des
pièces. Mais pour rendre leur entreprise infaillible,
ils ont comploté de me dépouiller de tout ce qui était
capable de contribuer à ma défense. Pour cet effet,
non seulement ils m'ont fait interdire tout commerce
avec mes proches et m'ont ôté toutes communica-
tions avec mes commis... mais ils ont soustrait tous
mes papiers et ont détourné les pièces qui m'étaient
absolument nécessaires. Les siècles à venir auront
peine à croire que des gens revêtus de charges et
d'emplois... se soient abandonnés à leurs passions,
jusqu'à commettre aux yeux de tout Paris et de la
Cour des actions si violentes et d'avoir passé jusqu'à
cet excès de hardiesse de s'être servis de l'autorité

du roi contre ses ordres mêmes, et d'avoir profané
son sacré nom en le mettant à la tête de leur abominable conduite. »

Le procès pourrissait sur place ; de hautes sym-
pathies s'exprimaient pour l'accusé, Turenne,
le Grand Condé, la Reine-mère, même. Turenne
disait : « Au début, il eût suffi d'une ficelle pour
étrangler le Surintendant ; à présent la corde serait
trop grosse pour le pendre. » Tous les jours, le roi
insistait pour qu'on en finisse, mais requêtes et récusations retardaient la marche ; Fouquet, à la grande
fureur de Colbert qui criait qu'on voulait déshonorer
sa famille, avait récusé Pussort, l'accusant de faux ;
Pussort avait balbutié et s'était mal défendu.

Devant la Chambre, Fouquet prit à partie le chancelier Séguier qui lui reprochait d'avoir attaqué la
Couronne et d'être coupable de crime d'État :
« Monsieur, de tous les temps, même au péril de
ma vie, je n'ai jamais abandonné la personne du roi ;
mais ce qui est attaquer la Couronne, c'est de se
trouver à la tête du Conseil des ennemis du prince,
c'est faire livrer par son gendre des passages aux
Espagnols et les faire pénétrer au cœur du royaume.
C'est cela un crime d'État. » C'est ce qu'avait fait
Séguier pendant la Fronde.

Un « chef-d'œuvre », comme l'a dit Mme de Sévigné, dont les lettres sont le plus beau reportage
judiciaire de l'époque. Elle y avait d'autant plus de
mérite qu'elle-même courait des risques, par la
faute de son cousin, cette poison de Bussy-Rabutin,
qui, soucieux de savoir s'il n'était pas soupçonné
d'avoir trafiqué avec Fouquet, profita d'un voyage

de Mme de Sévigné pour courir sonder Le Tellier, se posant en défenseur de sa cousine et demandant s'il n'y avait pas de lettres d'elle dans la fameuse cassette. « Ce n'est pas à vous de la défendre, après tout le bruit que vous avez fait sur elle », répliqua vertement Le Tellier.

La morale du procès sera définitivement dégagée par Voltaire : « Fouquet, pour avoir dissipé les finances de l'État et pour en avoir usé comme des siennes propres, n'en avait pas moins de la grandeur dans l'âme. Ses déprédations n'avaient été que des magnificences et des libéralités! »

Toute la littérature, sauf Chapelain, était pour Fouquet. La Fontaine, toujours fidèle, publiait courageusement son *Élégie* (*aux nymphes de Vaux*) et ses admirables vers :

Les destins sont contents, Oronte est malheureux.
Vous l'avez vu naguère au bord de vos fontaines
Qui, sans craindre du sort les faveurs incertaines,
Plein d'éclat, plein de gloire, adoré des mortels,
Recevait des honneurs qu'on ne doit qu'aux autels.

. . . . .
... Pour lui les plus beaux jours sont des secondes nuits.

. . . . .
... Voilà le précipice où l'ont enfin jeté
Les attraits enchanteurs de la prospérité...

Et, sur Louis XIV :

Tâchez de l'endormir, fléchissez son courage,
Il aime ses sujets, il est juste, il est sage...

Puis paraissait l'*Ode* où, avec un courage magnifique, La Fontaine implorait directement le roi :

> *... Tu peux, d'un éclat de ta foudre*
> *Achever de le mettre en poudre,*
> *Mais si les dieux, à ton pouvoir*
> *Aucunes bornes n'ont présenté,*
> *Moins ta grandeur a de limites*
> *Plus ton courroux doit en avoir...*

Une pièce sur Fouquet, *Le Favori*, de Mme de
Villedieu, fut représentée ; de nombreux autres
poèmes paraissaient partout, sous l'anonymat :

> *Il n'imita jamais...*
> *... les amas du commun, ou basses ou prudentes,*
> *Pareilles aux fourmis noires, grosses et rampantes.*

(Les fourmis noires, c'était Colbert).
Le procès était chansonné, de jour en jour, anonymement :

> *Hérault dit : Vous avez grand tort*
> *Et quand il n'aurait fait que Vaux,*
> *N'a-t-il pas mérité la mort*
> *D'avoir tant dépensé en eaux ?*

Quant à Mme de Sévigné, elle trépigne de fureur,
de joie, d'espérance ; son cœur chaud, son amitié
l'emportent et donnent leur ton à ces choses vues:
« Monsieur Fouquet a très bien répondu »...
« Notre cher ami, sur la sellette, avec cette mine
riante et fine que nous lui connaissons »...

« On parle fort à Paris de son admirable esprit et de sa fermeté »...

« Monsieur Fouquet a été interrogé ce matin sur le marc d'or (droit prélevé lors du changement de titulaire d'un office) ; il a très bien répondu »...

« Ceux qui aiment Monsieur Fouquet trouvent cette tranquillité admirable et je suis du nombre!!! »

« Monsieur Fouquet a répondu sur les cires et les sceaux avec un air et une hauteur qui ont déplu »...

Les belles lettres des 27 et 28 novembre à M. de Pomponne, exilé, celles des 9 et 10 décembre touchent le cœur :

« Imaginez-vous que des dames m'ont proposé d'aller dans une maison qui regarde droit dans l'Arsenal, pour voir revenir notre pauvre ami ; j'étais masquée ; je l'ai vu venir d'assez loin. M. d'Artagnan était près de lui ; cinquante mousquetaires derrière. Il paraissait assez rêveur. Pour moi, quand je l'ai aperçu, les jambes m'ont tremblé et le cœur m'a battu si fort que je n'en pouvais plus. En s'approchant pour rentrer dans son trou, M. d'Artagnan l'a poussé et lui a fait remarquer que nous étions là. Il nous a saluées et a pris cette mine riante que vous lui connaissez. Je ne crois pas qu'il m'ait reconnue, mais je vous avoue que j'ai été étrangement saisie quand je l'ai vu rentrer par cette petite porte » (27 novembre 1664).

La lettre du 28 novembre nous montre le chancelier Séguier contré par Fouquet :

« Il a dit des merveilles... '' Mais, a dit M. le Chancelier, quand vous avez eu vos décharges, vous n'aviez pas encore fait la dépense? — Il est vrai, mais les

sommes étaient destinées. — Ce n'est pas assez.
— Mais, monsieur, par exemple, quand je vous donnais
vos appointements, quelquefois j'en avais décharge
un mois auparavant ; et comme cette somme était
destinée, c'était comme si elle eût été donnée. ''

« ... On trouve qu'il est trop bien. On voudrait
l'interroger légèrement, et ne pas aller sur tous les
articles. Mais lui, il veut parler sur tout »...

Et comme Séguier a reçu l'ordre de faire avancer
l'affaire, Fouquet répond, en homme bâillonné :

« Vous m'interrogez, et il me semble que vous ne
voulez pas écouter ma réponse ; il m'est important
que je parle! » (1er décembre 1666).

De Mme de Sévigné à Pomponne :

« Je vous assure que ces jours-ci sont bien longs
à passer et que l'incertitude est une épouvantable
chose... Je ne puis voir, ni souffrir que les gens avec
qui je puis parler [du procès]. »

« ... Je disais à Mme du Plessis-Bellière : Si nous
avions un arrêt tel que nous le souhaitons, le comble
de ma joie était de penser que je vous enverrais
mon homme à cheval, à toute bride... » (9 décembre
1661).

Et, lorsque Fouquet retourne à Séguier son accusation de crime d'État, Mme de Sévigné ajoute :
« M. le Chancelier ne savait où se mettre et tous les
juges avaient envie de rire. »

De Mme de Sévigné encore, de cette amie comme
il faut souhaiter d'en avoir : « Je saute aux nues,
quand je pense à cette infamie... »

« ... M. d'Ormesson a continué à récapituler le
procès ; il a fait des merveilles, c'est-à-dire qu'il a

parlé avec une netteté, une intelligence et une capacité extraordinaires » (10 décembre 1664).

Le roi s'impatientait. Il reçut Colbert et Lyonne :
« Ce n'est pas que ce soit une affaire de grande consé-
quence, leur dit-il ; au contraire, je la considère
comme une affaire de rien... Je ne veux que la justice...
Je prends garde à tout ce que je dis, car, quand il
est question de la vie d'un homme... (ce qui signi-
fiait : que la Cour comprenne bien que je désire la
mort de Fouquet)... je ne veux pas en dire trop. »
Ici, le roi s'arrêta : « J'ai perdu ce que je voulais
dire... » fit-il. (Entendons : « Je ne fais que répéter
mot à mot ce que Colbert m'a seriné. »)
Le roi recevait aussi Lamoignon : « Fouquet se
voulait faire duc de Bretagne et roi des îles adja-
centes, il gagnait tout le monde par ses profusions,
je n'avais plus personne en qui prendre confiance. »

Trois ans auparavant, le 3 décembre 1661, la
Chambre de Justice, nouvellement constituée, avait
tenu sa séance d'ouverture, somptueusement, dans
la belle salle de la Chambre des Comptes. Attirées
par la cause célèbre, les élégantes y étaient accourues,
en grande toilette, leur masque à la main, entourées
de galants cravatés, empanachés et pattus.
Mais, depuis, trois ans avaient passé en procé-
dures, enquêtes, interrogatoires, manigances et chicanes de tout ordre. La Chambre avait été priée
d'évacuer les lieux, de se réunir ailleurs que chez les

conseillers de la Chambre des Comptes. Elle était
dorénavant installée à la Chambre des Monnaies ;
c'est là qu'eurent lieu les séances, à huis clos, cette
fois.

Le rapporteur, Ormesson, lut son rapport ; il
était d'une irréprochable impartialité, semblait
laver Fouquet de tout reproche de péculat, de malversations et de crime d'État, et cependant concluait
au bannissement. Les dépenses excessives et le mode
de vie de Fouquet méritaient ce châtiment. Ce fut,
chez les ennemis de Fouquet, la consternation,
d'autant que d'autres conseillers semblaient tentés
de se ranger à l'avis du rapporteur plutôt qu'à celui,
particulièrement violent, du procureur général
Talon. Le second rapporteur, Sainte-Hélène, parla
ensuite, demanda la condamnation à mort ; il avait
seulement « la charité » de proposer, non pas la pen-
daison, mais la décapitation. Après lui, Pussort prit
l'offensive, fut aussi haineux, aussi prolixe, aussi
injuste qu'on s'y attendait. Résultat de ces premières
journées : six votes pour la mort, un seulement pour
le bannissement. Pussort triomphait... mais pas longtemps, car la parole était au Méridional Rafelis de
Roquesante ; bel homme et beau parleur, il motiva
fort bien la peine qu'il demandait pour l'accusé :
bannissement et confiscation des biens.

Les pointages de Pussort lui donnaient dix voix
sûres, quatre incertaines ; c'est sur ces quatre voix
que se porta l'effort le plus soutenu, le plus scandaleux de ce scandaleux procès. Ce fut en vain ; le
vote final donna dix voix pour la mort, quatorze pour
le bannissement : Fouquet était sauvé.

D'autres époques nous ont habitués aux procès iniques : il y en eut malheureusement fort peu où la magistrature ait témoigné d'une aussi courageuse indépendance. Ceux mêmes, parmi les juges, qui avaient voté la mort s'en montrèrent repentants. Sainte-Hélène, Ferréol, travaillés par le remords, tombèrent malades. Le juge Nesmond, mourant d'un érésipèle, s'accusa d'avoir cédé aux sollicitations du pouvoir. Foucault, l'homme à tout faire de Colbert, le maître falsificateur, objet des plus grandes faveurs, enrichi de deux millions, nommé conseiller d'État, chargé par le roi lui-même « de solliciter les juges dans ses intérêts », devint subitement fou, devant la réprobation générale, et courut les rues, fuyant des archers imaginaires.

Le procès ayant pris fin le 20 décembre 1664, le 22 Fouquet en reçut notification à la Bastille, et apprit du même coup que le roi, « jugeant qu'il pouvait y avoir grand péril à laisser Fouquet sortir du royaume, vu la connaissance particulière qu'il avait des affaires les plus importantes de l'État », changeait son bannissement en prison perpétuelle ! En fait, le Surintendant ayant échappé à la mort immédiate, le roi, entre deux ballets, le condamnait, de son propre chef, et sans autre forme, à la mort lente.

« Condamné en fait, Fouquet était acquitté en droit » (Lair). C'est exact. Paris était en liesse, Ormesson porté aux nues. « Voilà le grand procès fini, qui a été l'entretien de toute la France », dit le *Journal* d'Ormesson. « Fouquet fut sauvé par les fautes dans les inventaires, par les coups de haine et d'autorité... par les mauvais traitements que les juges recevaient pour leur fortune particulière... ce fut une joie publique. »

Le *Journal* d'Ormesson et les *Lettres* des 21 et 22 décembre de Mme de Sévigné nous montrent les deux rapporteurs allant à la Bastille signifier le jugement à Fouquet. D'Artagnan le fait descendre dans l'ancienne chapelle. Fouquet écoute l'arrêt, découvert. D'Artagnan ne peut se retenir de féliciter Ormesson. Fouquet le salue et lui dit « qu'il est son très humble serviteur », ce que le rapporteur court raconter à Mme de Sévigné.

En vérité Voltaire a raison : « Ce sont les gens de lettres qui lui sauveront la vie. » C'est de son procès que date un phénomène qui surprend toujours l'étranger : l'importance qu'a la littérature, ou du moins les gens de lettres, pour la politique, sinon en France, du moins à Paris.

XVI

LE DONJON DE PIGNEROL

Ce pauvre cygne achève son destin.
La Fontaine, *Le Songe de Vaux.*

Écumeur infatigable, Colbert cherchait partout
l'argent de Fouquet ; il l'avait promis au roi ; il
fallait coûte que coûte en trouver ; par malheur,
on n'en trouvait pas trace ; Fouquet n'avait que
des dettes. Comment forcer des créanciers, déjà
obérés par la ruine du Surintendant, à racheter
leurs propres créances ? C'est pourtant ce qu'on fit ;
des innocents furent traqués et, par d'incroyables
systèmes de spoliation, des familles entières furent
ruinées. (On pense à l'expulsion des Congrégations
et au fameux milliard vainement cherché.)

Pendant que la vengeance du roi s'acharnait sur
les partisans du coupable, Ormesson, privé de sa
charge héréditaire ; Roquesante, pour n'avoir voté
que le bannissement, relégué à Quimper-Corentin ;
Mlle de Menneville, dont on avait trouvé les lettres
dans la fameuse cassette, mise au couvent ; Pomponne
et Bussy-Rabutin envoyés, l'un à Verdun, l'autre

en Bourgogne ; Loret et d'autres écrivains privés de pension ; des parlementaires ayant siégé à la Chambre et mal voté, éloignés de Paris ; les dames Fouquet consignées à Montluçon, les Charost à Ancenis ; Bailli exilé, etc..., l'ancien surintendant, en carrosse grillé, par les routes durcies de gel, était dirigé, avec d'Artagnan comme seul réconfort, sur la forteresse piémontaise, conquise sous Louis XIII, Pignerol.

Si, à Vaux, on évoquait la carte du Tendre, à Pignerol, c'eût été la carte de la Sévérité : Pic du Détachement, Précipice de la Déplaisance, Village de Haine, Hameau de Rabat-Joie.

Fouquet n'avait plus revu sa famille ; seul le courageux Laforêt, son valet de chambre, s'était placé sur son passage, pour pouvoir le saluer. Mais à la porte Saint-Antoine, puis à Dijon et à Lyon, le peuple, devinant qu'il avait perdu au change, cette fois l'acclamait.

Ensuite, ce fut la route de Brie et de Champagne, aussi sinistre, l'hiver, qu'une route russe. Fouquet était à nouveau malade ; on parla même de poison. « Quoi, déjà! » écrivait Mme de Sévigné (un mot à la Barrès).

En plein Piémont, la ville de Pignerol se dressait dans les neiges, entre des montagnes dénudées, sucées jusqu'à l'os par les pluies et les neiges. En ce cœur de l'hiver, une prison noire à l'intérieur d'une prison blanche. D'Artagnan n'avait pas voulu y rester : « J'aime mieux servir comme simple soldat que d'être geôlier », avait-il dit à Colbert, qui répondit : « Allez dire cela au roi, si vous l'osez. » D'Artagnan osa et Louis XIV ne le prit pas mal : « Je vous en estime davantage, dit-il, car le métier de geôlier enrichit son homme, tandis que celui des armes... » Saint-Mars, lieutenant de d'Artagnan, le remplaça auprès du prisonnier.

Après les quatre mille arpents de Vaux, deux chambres de six pieds, c'était peu. Interdiction de se promener ; ni visites, ni encre, ni papier. Un confesseur, mais piémontais. Pecquet, « son médecin de plaisir », avait offert d'aller partager la captivité de Fouquet ; on le lui refusa ; les nouvelles de sa famille autorisées deux fois par an seulement.

De l'omineux Pignerol, qui avait éclaté lors d'un de ces orages où l'on vit un signe du ciel, la foudre étant tombée sur le magasin des poudres, et la prison ayant été démantelée, Fouquet fut transféré à la Pérouse, ouvrage avancé de la forteresse. Il y passa un an, fouillé tous les jours, écrivant sur son mouchoir, sur ses rubans, qu'on finit par lui donner noirs. Extraordinaires précautions ! Que craignait-on donc et que penser d'une toute-puissante monarchie qui se protège par des rubans noirs ou par un masque de fer ! Privé de médecin, sans vue, sans livres, sans promenade, sans nouvelles, ses deux valets ne communiquant pas avec le dehors, Fouquet tomba malade. Il demandait un médecin, que Louvois lui refusa brutalement. Le roi, qui s'était emparé des richesses de Fouquet, accordait difficilement un habit d'hiver au prisonnier qui grelottait. On lui changeait constamment ses valets, dans l'espoir d'en trouver qui consentissent à l'espionner et le trahir ; tous lui demeurèrent fidèles, ce qui fait autant honneur au maître qu'aux serviteurs. Quand la foudre démolit Pignerol, ensevelissant soldats et personnel, épargnant le seul Fouquet suspendu sur le vide, l'opinion publique demanda la libération du prisonnier désigné par une telle faveur de la Providence. Le roi demeura implacable et Louvois se contenta de dire que Fouquet avait eu bien assez de chance de s'en tirer à si bon compte.

Après réintégration au donjon de Pignerol, en août 1666, Louvois autorisa quelques livres de piété et un dictionnaire de rimes. Ce fut pour Fouquet le début d'exercices spirituels où sa hauteur d'âme naturelle s'éleva vers le ciel. « Je ne suis pas un beau spectacle », disait-il, lui qui avait été de si charmante figure ; mais toujours d'une élégante pâleur, comme au temps de sa jeunesse où les arbitres de la mode se nommaient des *mourants* ; mourant, il n'était plus loin de l'être. Ses jambes enflaient, il souffrait de l'alternance des étés torrides écrasant les cinq tours du donjon et des hivers aux vents glacés, au souffle desquels les toits en poivrière semblaient prêts à s'envoler. Les domestiques, à leur tour, tombaient malades ; c'était intenable ; il tint dix-huit ans.

A Paris, la Cour de Justice avait été dissoute ; les créanciers se syndiquaient ; la France avait un maître ; c'est tout ce que Pignerol savait du monde extérieur. Mais Fouquet, lui, ne savait même pas cela. Des libelles continuaient à courir :

Le petit écureuil est pour toujours en cage.
Le lézard (Le Tellier), *plus rusé, joue mieux son personnage,*

Mais le plus fin de tous est un vilain serpent (Colbert)
Qui s'abaissant s'élève et s'avance en rampant...

On attribue à Fouquet des *Conseils de la sagesse*
qu'il aurait écrits en prison. Il traduisait le psaume
CXVIII. « M. Fouquet est un agneau » disait Saint-
Mars. Le prisonnier priait. Ce retour à une enfance
chrétienne était la pente naturelle du malheur.
Éloigné de sa femme et de sa mère, de leur foi si
ferme, il subissait leur influence distante ; les morts
et les absents sont les êtres les mieux aimés. Il
essayait d'imiter Monsieur Vincent, qui venait de
mourir saintement en prononçant ce seul mot :
confido, « j'ai confiance ». Il se rappelait les maximes
des Jésuites qui l'avaient élevé : « Faites autour de
vous le désert »... maxime qu'ils étaient les premiers
à appliquer aux Jansénistes.

La faveur du roi, il l'a enfin compris, ne reviendra
jamais. Fouquet retrouvait dans la dure aridité des
Alpes la sécheresse de ces âmes de courtisans, igno-
rant le naturel et l'abandon, et l'implacable cruauté
de ce roi danseur.

Vers la fin de 1670, il semble bien que des amis
de Fouquet aient tenté de le faire évader. Un M. de
Valcroissant, qui se faisait appeler Honeste, et
l'ancien valet de Fouquet, ce Laforêt qui avait
couru d'une traite à Paris, lors de l'arrestation de
son maître à Nantes, auraient soudoyé des soldats
de la garnison de Pignerol. L'affaire ayant fait long
feu, ils s'enfuirent en Piémont. Saint-Mars exigea
du gouverneur de Turin la livraison des coupables.
On n'avait rien à refuser à Louis XIV ; Laforêt fut

pendu (Lair). Certains croient qu'on montra à Fouquet, par une fenêtre, le gibet et le corps du serviteur fidèle.

A Paris, Louvois prit peur, fit griller et hotter les fenêtres de Pignerol ; on retira à Fouquet un de ses valets. Après dix années de captivité, la surveillance était plus rigoureuse que jamais. Louvois se faisait tenir au courant des moindres détails.

La Fontaine rééditait les vers admirables de l'*Élégie*, devenue, dix ans plus tard (1671), l'*Élégie pour M. Fouquet* (on osait maintenant imprimer le nom abhorré).

Cet homme si vif, décidant et agissant comme l'éclair, cet esprit toujours en mouvement, le voilà soudain arrêté. Plus de laquais, un guichetier ; au lieu de filles d'honneur, un aumônier. L'âme aussi bastillée que le corps ; aliéné de tout ce qu'il aime, cloîtré, sans même la promenade d'un cloître. L'*in-pace* dans un donjon grillé, lui-même captif d'une forteresse encagée dans les montagnes abruptes creusées de précipices, où les cascades se figent l'hiver, gelées d'effroi. L'homme prodigue n'avait plus droit qu'à un habit, le délicat qui jadis dînait au son de vingt-quatre violons, en ces grands dîners priés où l'on gardait son chapeau à plumes et son épée, n'entendait résonner sous les voûtes que sa cuiller de bois, dans son écuelle de buis. Cet érudit privé de livres n'avait que sa mémoire pour remplacer ses treize mille volumes. Lui qui aimait trouver en sa maison de Saint-Mandé « un asile de science et de repos » ne connaît plus que l'attente du repos éternel ; La Fontaine avait raison ; il eût pu vivre

si heureux à Saint-Mandé! Son vrai destin, c'était
d'être un sage. Pourquoi cette carrière de grimpeur?
Pour voir la France à ses pieds? Ce sont les gamins
qui aiment escalader; mais un homme? Il vacille
sur ses jambes. Combien loin le temps où le roi
disait : « Fouquet est trop puissant dans un État trop
faible! » Il n'oserait se regarder dans un miroir,
s'il en avait un (mais on craint trop qu'il ne s'égorge...),
il y verrait sa figure si française, une de ces figures
ouvertes et avenantes qui préviennent d'abord en
leur faveur, mais qu'on oublie très vite; comme il
était lui-même oublié. « Un surintendant n'est
jamais laid » avait-on dit d'un de ses prédécesseurs;
ce proverbe, il le fait désormais mentir, avec son
teint blême de salade de cave, ses yeux creux.

Et ce vide, à se boucher les oreilles! Si, pourtant,
un bruit : les choucas dans la hotte de la cheminée,
des choucas qui ressemblent à Colbert, des têtes
noires, qui, comme lui, font leur nid dans le comble...
Son corps rhumatisant, le matin se meut avec peine,
lui le léger écureuil qui sautait d'emprunt en emprunt. Où sont-ils les beaux esprits qui le ruinaient
en rébus et en devises? A Versailles sans doute.
L'art, auxiliaire de la politique, cela aussi il l'a
enseigné au roi, avec les *nec pluribus impar* au fron-
ton de tous les arcs de triomphe que Louis élève
maintenant à sa propre gloire. (Le roi et Colbert
lui ont même pris son graveur en médailles, Berti-
netti.) Comme tous *ses* artistes ont fait du chemin!
Sans doute ont-ils oublié son nom, celui de ce bienfaiteur qui aimait à les relancer, inconnus, dans leur
galetas; ils étaient trop heureux alors d'être nourris

à Vaux... La sportule, ce petit panier où le client emportait, à Rome, le déjeuner offert par le patron, c'était alors la marque de leur modeste condition.

Ce silence, cette humidité, cette obscurité, cette cellule noire comme une forge de Le Nain, ces privations, c'était concerté, voulu ; la vengeance du roi, il la sentait partout, orchestrée par Colbert. Et pourtant, leur victime leur avait échappé ; ils avaient compté ferme sur la potence ; elle leur avait fait défaut, il ne leur restait que la ressource de le faire mourir lentement ; ils achevaient ce papillon à coups de marteau ; le roi ne pardonnerait jamais ; les rois ne pardonnent que dans les comédies.

Vers la fin de sa dixième année de réclusion (octobre 1672), Louvois autorisa Saint-Mars à remettre à Fouquet deux mémoires de Mme Fouquet, qui s'efforçait de sauver une dot de plus d'un million de livres des décombres de leur ruine commune. « Il n'avait même pas laissé mille écus derrière lui » dit Gourville, qui vint en aide à Mme Fouquet, réfugiée chez sa mère, Mme de Maupeou. Après douze ans, et à charge d'acquitter deux millions de dettes privilégiées, on laissa finalement à Mme Fouquet : Melun, Vaux, Belle-Isle et d'autres terres. Saint-Mandé était resté aux créanciers. On lui refusa toutefois la permission de se rendre à Vaux.

Malade, Fouquet avait gardé toute son intelligence. Consulté, semble-t-il, par Louvois, par l'intermédiaire de Saint-Mars, sur les moyens, pour l'État, de se créer de nouvelles ressources, il rédigea, avec la seule plume qu'on ne lui prêta que pour cela (il s'était fait d'un os de poulet un stylet), deux

mémoires destinés au roi, mais qui furent brûlés
sans lui être remis.

Mme Fouquet intervint à nouveau auprès de
Louis XIV, pour qu'il lui fût permis d'aller à Pignerol partager la captivité de son mari : refus du roi.
Fouquet réussit cependant à faire tenir à sa femme
une lettre qui circula dans Paris, parmi ses amis.
Songeant à la mort, qu'il sent n'être pas éloignée,
il l'adjure de continuer à tout mettre en œuvre pour
son élargissement, parle de leurs enfants, de ses
valets qui meurent à Pignerol, « l'air de la citadelle
étant toujours dans quelque excès... » « Il n'y a de
mal dans un corps humain dont je ne ressente quelque atteinte... » Il a l'air d'un mort de quatre jours.
Sciatiques, coliques, gravelle, les dents ruinées,
n'y voyant plus sans lunettes...

> *Que vous le trouveriez différent de lui-même...*

dit l'*Élégie*.

XVII

UNE PESTE DE COUR

Impossible d'imaginer une surprise dans cette
vie confinée, où les jours ressemblent aux nuits,
où rien ne pénètre du dehors, où rien ne transpire
du dedans, où seul le vent du nord, qui descend du
pas de Suse, vient rugir autour du donjon.

Fouquet allait pourtant avoir une visite peu
ordinaire. Depuis quelque temps son esprit aux
aguets ne comprenait pas pourquoi il se voyait
soumis à une surveillance de plus en plus sévère ;
de nouveaux guichets avaient été ouverts dans les
murs, « même dans les privés ».

Une nuit, après souper, Fouquet qui sommeillait
fut réveillé par un bruit insolite, un grattement
dans la cheminée, d'où s'échappèrent des gravats
et des cailloux qui roulèrent sur le plancher. Tout
à coup, dans un nuage de plâtre, il vit tomber à ses
pieds un petit homme noir, en caleçon, une couver-
ture de lit sur le dos, qui, les jambes écartées, s'ai-
dait des chenets pour sortir du conduit. Le petit
homme éclata de rire à sa vue.

— Monsieur le Surintendant, je vous salue! Je

suis si passionné par votre personne et si gouverné
par le souvenir de notre rencontre à Nantes — vous
rappelez-vous ? septembre 1661 — que je n'ai pu
y résister. Vous ne me reconnaissez pas ?

— Vous ressemblez un peu au marquis de Peguil-
hem...

— Lui-même ! ou plutôt le comte de Lauzun,
de par la carence de mon frère ; mais présentement...
le prisonnier du dessous !

Fouquet crut rêver, Lauzun, Peguilhem, ce Peguil-
lin qu'il avait vu sur de beaux chevaux à encolure
rouée, derrière le roi, aux chasses, ou dans le cadre
des lambris et des parterres d'eau, en perruque, le
chapeau galonné sous le bras, l'épée en verrou, c'était
ce petit captif noir de suie, qui saillissait tout à coup
de son trou, tortu et bossu d'une longue reptation
dans les murs ! Quel beau portrait, taché de caractère,
et comme retouché par un grand artiste, émergeait,
fabuleux, du livre du Temps !

Avec l'entrée de Lauzun par le trou de la cheminée,
tout le passé s'engouffrait dans la cellule du solitaire ;
coup de théâtre qui devait se répéter toutes les nuits,
pendant près de quatre ans.

Laissons parler Saint-Simon, ce metteur en scène
de génie : « Les voilà donc ensemble, et Lauzun
à conter sa fortune et ses malheurs à Fouquet. Le
malheureux Surintendant ouvrait les oreilles et de
grands yeux, quand ce cadet de Gascogne, jadis
trop heureux d'être recueilli et hébergé chez le
maréchal de Gramont, lui raconta qu'il avait été
colonel général des dragons, capitaine des Gardes,
général de l'armée... Fouquet le crut fou et vision-

naire, quand il lui expliqua comment il avait manqué
la grande maîtrise de l'artillerie... Fouquet, lui
croyant la cervelle totalement renversée, ne prenait
que pour des contes en l'air toutes les nouvelles que
Lauzun lui disait de tout ce qui s'était passé, depuis
la prison de l'un jusqu'à la prison de l'autre. »

Ce passage, une des plus savoureuses scènes de
la saint-simonienne comédie humaine, on le relira
toujours, ainsi que le portrait inoubliable de Lauzun :
« C'était un petit homme blondasse, bien fait de sa
taille... plein d'esprit, qui imposait, mais sans agrément dans le visage, plein d'ambition, de caprices,
de fantaisies. Jaloux de tout, jamais content de rien,
sans lettres, sans aucun ornement ni agrément de
l'esprit, naturellement chagrin, solitaire, sauvage,
redouté de tous et plein de traits cruels et de sel
qui n'épargnait personne. »

Lauzun à Pignerol! Entrée de clown dans un
drame élisabéthain.

Le scrupuleux Saint-Mars, modèle de l'officier
de service qui a l'œil à tout, ne se doutait pas que
ses prisonniers se voyaient chaque nuit.

Si Fouquet était un agneau, Lauzun était une
cavale, toujours hors de la main ; depuis cinq ans,
date de son arrivée dans la forteresse, que de soucis
il avait donnés à Saint-Mars ; il lui rendait la vie
impossible : d'abord un essai d'évasion en 1676, où,
ayant brisé une fenêtre et creusé un mur, il s'était
laissé tomber dans le fossé du donjon... mais sur une
sentinelle. Puis, ce diable mettait le feu à sa chambre ;
le lendemain, tentative de suicide ; un autre jour,
accès de folie mystique ; ou simulation du haut

mal ; tantôt muet et boudant pendant des semaines, et tantôt haranguant le vide ; toujours à se plaindre, mettant sur les dents ses geôliers.

Cadet de grand appétit, le Gascon avait traversé les amours du roi qu'il amusait tout en se faisant craindre, personnage inhabitable, antipathique, méchant, mais de grandes manières, prodigieusement divertissant ; brisant de dépit les miroirs de Versailles, plus insolent chaque fois que pardonné ; enfermé à la Bastille, il en était sorti «avec une barbe de capucin» qui avait fait rire toute la Cour. Nullement repentant, et, ses intrigues dévoilées, ses plans d'ambition barrés, il repartait de plus belle, inépuisable en mauvais tours : un jour, enfermant à clé le roi dans un cabinet où il attendait Mme de Monaco ; une autre fois, profitant de ce que cette dernière était assise dans l'herbe pour lui écraser la main du talon...

A Fouquet incrédule, chaque nuit il déroulait une vie mordue à pleine grappe : ses campagnes, les sièges de Courtrai, de Lens, de Dole, en 1668, où il s'était couvert de gloire. Sa fortune prodigieuse. Ses promotions vertigineuses de garde du corps, de capitaine des Gardes du corps, grade créé pour lui, de maréchal de camp, de colonel des Dragons, par faveur spéciale ; ses intrigues pour se faire donner la Grande Maîtrise de l'Artillerie, déjouées par Louvois et par son ennemie la Montespan, « une putain à chiens »... Sa vengeance, d'une audace inouïe, lorsque, caché sous le lit de la favorite, l'oreille au matelas, il surprend celle-ci le desservant auprès de Louis XIV couché avec elle (« Si j'avais toussé... »). Et ce Lauzun, l'heure d'après, a le front d'aller

répéter mot pour mot ses propres médisances à la
Montespan stupéfaite. Ses insolences envers le roi
qu'il osa appeler en pleine figure « prince sans foi »,
lui brisant son épée au nez, tellement grossier que
Louis XIV, furieux, jetait sa canne par la fenêtre
« pour n'avoir pas à frapper un gentilhomme ».

A la lueur de la chandelle, on imagine, par les
longues nuits d'hiver, la bise soufflant dans ce pay-
sage lunaire que Richelieu, trente ans plus tôt, avait
pris tant de peine à conquérir sur les Piémontais ;
on évoque le petit homme surgissant de la cheminée,
les cheveux filasse, jamais lavés, ses yeux bleus
toujours bordés de rouge, d'une saleté célèbre, mais
d'une commensalité charmante, apportant sans façon
son souper, vif, amusant, intarissable, tantôt humble
et tantôt à tout casser.

Quelle féerie ce dut être pour un Fouquet arrêté
dans le temps, et revivant ces quinze ans en quelques
soirées! Dans le coi de la nuit où seule la chouette
hue, l'ancien Surintendant se frotte les yeux et doit
penser de Lauzun « qu'on ne rêve pas comme il a
vécu ».

— N'aviez-vous pas un frère aîné, Lauzun?

— L'héritage de mon père ne lui apportait que
des dettes ; il l'a refusé. Après huit années de procès, j'ai pris le titre dont mon frère n'avait pas voulu.

Il reste encore, pour Fouquet, à entendre le plus
beau de ce roman. Les amours de son codétenu
avec la Grande Mademoiselle ; la passion de cette
vieille fille ; la façon dédaigneuse et de la plus distante
politesse avec laquelle Lauzun répond aux avances
de l'héritière des Orléans, la plus grosse fortune

d'Europe. Les rapports bizarres de ces deux singuliers amoureux, leurs scènes d'amour jouées à l'envers, chacun, au lieu de se faire valoir, renchérissant sur ses propres défauts. Lauzun lui conte tout et refait les dialogues :

« *Elle* : J'ai de vilaines dents... Je ne suis plus jeune...

« *Moi* : Je serai un mauvais mari... J'adorais les femmes... je les hais... mais je ne puis m'en passer. Vous serez trompée... D'ailleurs nous sommes trop vieux pour changer d'humeur. »

— Mais pourquoi vous a-t-on incarcéré ?
— Je ne sais pas, répond Lauzun.
Fouquet n'arrivera pas à le lui faire dire ; peut-être Lauzun ne le sait-il pas, en effet ?

Quelle vivante gazette de la Cour, tellement plus divertissante que la pauvre *Gazette rimée* que Fouquet payait à Loret, son poète à gages !
— J'eusse dû me marier au plus vite... je serais aujourd'hui duc de Montpensier... J'ai trop tardé, et voilà votre serviteur dégringolant, comme dit notre ami Molière, *atque fecit pouf*... Le roi avait donné son accord, mais il reprit sa parole... Il m'a offert, pour me consoler, le bâton de maréchal de France ; j'ai nargué le roi en lui répondant que je ne méritais pas le bâton.

Ne pouvant croire à ces improbables aventures, Fouquet se dit que Lauzun est fou ; il se le dira longtemps, mais quelle amusante folie ! Ce Lauzun le fait revivre. Depuis ses visites, Fouquet a la peau moins grise, les yeux moins jaunes, il sort de cette inertie torpide où il était plongé.

Grâce à Lauzun, Fouquet reconstitue toute l'histoire de ces quinze années, qui ont tourné pendant son immobilité : La Vallière duchesse ; les enfants qu'elle a eus de Louis XIV, l'un grand amiral de France au berceau, l'autre princesse de Conti, troisième princesse du sang ; puis la défaveur de La Vallière ; son entrée aux Carmélites ; pour se venger une fois encore de la Montespan, Lauzun n'a-t-il pas eu l'idée diabolique d'aller chercher La Vallière jusque dans son couvent pour la remettre avec le roi ! Mais la Montespan est toute-puissante... Jusqu'à la montée de Mme Scarron, devenue la marquise de Maintenon, elle élève le duc du Maine... La première de *Tartuffe*... Versailles s'édifiant, tâchant à surpasser Vaux...

Quand Fouquet, vivant toujours au passé, interrogeait : « Mes Antonio Moro ?... Mes Breughel ?... Mes Véronèse ?... Mes Boulle ?... Mes deux cents orangers ? » Lauzun lui répondait en riant : « Ils sont maintenant au roi... » ou bien : « Vous les trouverez au Louvre... », ou bien : « Versailles les a recueillis. Le roi fait grand feu de votre bois ! et permettez-moi d'ajouter, mon cher mort, qu'à la place de votre bureau de Boulle à incrustations d'écaille et figures dorées, vous eussiez mieux fait de n'avoir qu'un bureau de poirier noirci et, dessous, un vieux tapis usé, comme Colbert.

— Colbert ! Quelle couleuvre avaleuse de couleuvres ! Qu'en est-il de lui ?

— Eh bien, votre sinistre successeur protège les
arts, à son tour... Je l'ai quitté, vous n'auriez jamais
cru cela, en passe de devenir l'arbitre des élé-
gances!

— Bah! Il ne sera jamais qu'un petit secrétaire
d'État...

— Il ne l'est plus; il est au plus haut; il est Ministre, et sa femme est la première femme de ministre
à monter dans les carrosses du roi... Il ne joue pas à
parvenir, lui, il y peine, et dur! Que ne lui donnâtes-
vous aussi des leçons de désinvolture? Rien n'est
trop beau pour celui que nos amis La Rochefoucauld
et Mme de Sévigné surnommaient, vous en souvient-
il? «le Petit». Colbert raffole maintenant des odeurs...
c'est un délicat... Il porte des gants parfumés... C'est
Pétrone! Nos consuls des Échelles n'ont d'autre
mission que de lui acheter des manuscrits...

— ... qu'il est incapable de lire, étant sans études.

— Il se fait envoyer des lunettes de Londres, par
l'ambassadeur de France... Il a attrapé de vous le
luxe, mon cher, comme on attrape les oreillons!

— J'ai commencé, dit orgueilleusement Fouquet,
comme ce manant finit.

— Le voilà baron! et un baron qui poursuit les
faux nobles, qui les condamne à l'amende! Dans
l'Yonne, son fief ne comportait pas le droit de pêche;
il l'a obtenu du roi, et dès qu'un pêcheur apparaît, il
le menace de son bâton.

— Colbert ne peut être qu'une mécanique remon-
tée à fond, mais je vois bien qu'il s'est privé longtemps
et qu'à présent il se rattrape.

— La ladrerie lui rapporte; lors du mariage de sa

fille, le roi a donné un million à son gendre Mortemart, pour relever sa maison...

— Le duc de Mortemart! Son gendre!

— Et aussi le duc de Chevreuse et le duc de Beau-
villiers, les plus purs, les plus nobles de nos ducs...
et quant aux fils de Colbert, les voilà marquis de
Seignelay, archevêque de Rouen, comte de Linières,
comte de Sceaux, chevalier de Malte, colonel du
régiment de Champagne... Cela vous surprend?
Rappelez-vous La Bruyère : « Si le financier rate son
coup, les courtisans disent de lui : " C'est un bourgeois
un homme de rien, un malotru " ; s'il réussit, ils lui
demandent ses filles. »

— Où l'avez-vous vu pour la dernière fois? Où
habite-t-il?

— Colbert va de palais en palais. Depuis qu'il vous
a supprimé, il a acheté l'hôtel Bautru ; puis, derrière le
palais Mazarin, le terrain du duc de Nevers... Cela
ne lui a pas suffi : il lui fallut ensuite la maison de
votre ami Bruant, quand ce dernier s'est réfugié à
Liège, fuyant la Cour de Justice... laquelle ne l'a pas
fait payer cher à Colbert, cette jolie demeure, je vous
prie de le croire...

— Et c'est là ce que Colbert appelait « dénoncer
les vies oisives et rampantes »?

— La France au travail! Il faut reconnaître qu'il
donnait l'exemple : dès l'aube, il se faisait commu-
niquer la liste des décès et vacances de bénéfices civils
et ecclésiastiques; aucune abbaye n'échappait à sa
famille.

— Et aux Finances? Qu'a-t-il fait après moi, mon
successeur?

— Ce que font tous les ministres des Finances : il a converti les rentes ; puis, ayant pleuré des hélas sur ce pauvre peuple écrasé d'impôts, il a créé des taxes nouvelles.

— Il voulait mettre de l'ordre dans le budget ?

— Déficitaire ! Versailles et les guerres de prestige engloutissent tout. Le roi finira ruiné.

— Et mes compagnies coloniales ?

— A l'entendre, c'est lui qui les créa. Elles aussi, déficitaires, malgré le trafic des nègres guinéens. J'y ai perdu beaucoup d'argent, alors qu'une semblable compagnie des Indes, mais hollandaise celle-là, me donne du quarante pour cent d'intérêt.

— Les pensions qui l'indignaient, il les a supprimées ?

— Il les a triplées ! Il pensionne tous nos beaux esprits. Il distribue la manne aux étrangers eux-mêmes, au nom du prestige royal : des livres pour la bibliothèque du Vatican, des sacs de pistoles à M. Huyghens, un professeur ! quatre mille livres à Racine... trois mille à Chapelain. La Montespan coûte encore plus cher ; elle ne peut aller passer une nuit auprès du Roi, dans les Flandres, sans qu'on déménage pour elle la moitié des Gobelins... »

Ainsi remonte le passé après le couvre-feu, entre les deux captifs, « les deux oiseaux sous la même clé », écrira Saint-Mars. Les deux hommes, les pieds sur la chaufferette à braise, sont du même monde, connaissent les dessous du jeu ; Fouquet plus cultivé, Lauzun, comme dit Molière, plus *dessalé* ; tous deux retombés à zéro, précipités au fond du trou ; Fouquet

calme; Lauzun, avec ses mauvais nerfs, tantôt foli-
chonnant et tantôt s'effondrant, est resté davantage
lui-même, et, conservé par le sel de son esprit, le
type de « la peste de Cour ». Fouquet parle et fait
penser à Rancé, tant ses paroles élèvent le cœur;
quant à Lauzun, il conte « ses malheurs » comme Sga-
narelle; et on n'y croit pas; ses malheurs ne sont que
mésaventures.

Certains soirs, Lauzun donnait la comédie; d'autres
fois, il voulait se tuer, il se plaignait de perdre ses
cheveux, de ne pouvoir recevoir les perruques commandées. Il criait : « Je ferai une tragédie de ma
prison! »
— Allons... interrompait Fouquet, racontez-moi
Versailles, que je n'ai pas connu tel qu'il doit être
maintenant?
— La première grande fête à laquelle j'assistai,
c'était en 1664, au mois de mai. Six cents personnes...
— A Vaux, j'en eus six mille...
— Un carrousel... des chevaliers à écus avec
devises, des devises composées par Benserade...
— Il émargeait chez moi. Comment étaient les
grandes eaux, à cette fête du Roi?
— Médiocres. L'eau n'arrive à Versailles que
très mal.
Fouquet haussait les épaules. Il n'y aurait pas
d'eau à Versailles, il le savait bien, tant qu'on n'aurait
pas détourné la Seine.
— Parlez-moi de mes amis; je pense à eux sans
cesse... savez-vous où ils sont?
— Pellisson et Gourville, tout en embrassant

jusqu'au bout, je dois le dire, votre défense, ont fait leur paix avec le roi.

— Gourville s'en tirera toujours ; c'est un magnifique aventurier. Il avait quitté le duc de La Rochefoucauld pour être à moi...

— ... après avoir couché avec la sœur du duc.

— Je le croyais l'amant de Ninon. Et Pellisson, mon brave, mon fidèle compagnon ?

— Ses trois *Discours* en votre faveur ont retourné Paris.

— Notre amie, Mme de Sévigné, a vu juste : « Pellisson est bien laid, mais qu'on le dédouble, on trouvera une belle âme. »

A la fin de 1678, un certain relâchement dans la rigueur du roi à l'égard des deux prisonniers se fit sentir. De Paris, Louvois (dont dépendait Pignerol) autorisa les captifs à se voir « en toute liberté » ; cet euphémisme voulait dire qu'on essayait, par l'un, de savoir ce que pensait l'autre ; le gouverneur pouvait même partager les repas qu'ils prenaient désormais ensemble. Ils eurent congé de se promener par toute la citadelle, d'où ils voyaient du haut des bastions, derrière les fossés, Pignerol aux toits rouges, dominé par le mont Sainte-Brigitte... à cette exception près que Lauzun, plus alerte, était suivi de soldats au mousquet chargé.

L'origine de cette indulgence doit être trouvée, sans doute, dans un curieux et fort écœurant marchandage entre Mme de Montespan et la Grande Mademoiselle, à Paris. Il n'y a pas lieu d'exposer ici, par le détail, ce barguignage qui se résume ainsi :

Dombes, le duché d'Aumale et le comté d'Eu cédés par la Grande Mademoiselle au jeune bâtard de Louis XIV, et les portes de Pignerol s'ouvriront pour Lauzun.

La correspondance de Fouquet avec sa femme devenait plus fréquente. On autorisa d'abord des débats d'intérêts, puis les relations s'élargirent et il fut question d'un voyage à Pignerol de la famille Fouquet entière. Que l'influence grandissante, à Versailles, de Mme de Maintenon ait été pour beaucoup dans ces mesures de clémence, c'est ce qui semble évident ; elle n'avait jamais voulu « lors du premier tome de sa vie » (Sévigné) être directement pensionnée par le Surintendant, redoutant un marché dont eût fait les frais une beauté qu'elle gardait pour une meilleure occasion, au point qu'ayant été obligée d'avoir recours à Fouquet, elle s'était faite le plus laide possible ; mais, d'habitude, les subsides lui arrivaient par l'intermédiaire de Mme Fouquet ; aussi ne l'avait-elle pas abandonnée.

Le printemps 1679 devait voir arriver à Pignerol toute la famille Fouquet. « Vous savez », écrit, à cette date, à Bussy-Rabutin, Mme de Sévigné, « l'adoucissement de la prison de nos amis Lauzun et Fouquet. Cette pensée qu'ils ont tous les deux la permission de se voir dans la citadelle, de manger et de causer ensemble... »

Fouquet fait aux siens l'éloge de Lauzun, son frère de prison, son ami des mauvais jours. Ici, toujours d'après Saint-Simon, Lauzun, portant un doigt à son front, aurait fait signe à Mme Fouquet qu'elle allait trouver à son mari l'esprit dérangé (ce qui est bien dans la manière du plus écervelé des deux).

Dix-sept ans avaient passé depuis la séparation des époux, à Nantes. Tant d'intérêts étaient restés en souffrance qu'il fut décidé, au bout d'un certain temps laissé au bonheur de se retrouver, que Mme Fouquet irait s'occuper de leurs biens et que sa fille Marie-Madeleine resterait auprès du prisonnier. La mère partit, laissant seuls le père et la fille.

Jusqu'ici rapprochés par leur détention, Lauzun et Fouquet commençaient à se sentir plus distants, à présent que leur liberté semblait approcher. L'un va rebondir, revivre comme il a vécu, et l'autre disparaître pour toujours. Déjà ils sont étrangers.

Ils seront bientôt ennemis ; ce qui devait arriver arriva : on vit soudain le petit Lauzun reverdir, nettoyer son bel uniforme bleu à revers rouges de capitaine des Gardes, se laver même ; il paradait dans la cour de la forteresse avec les quatre chevaux que Louvois venait de l'autoriser à monter ; il éveillait la jalousie des jeunes officiers de la garnison, qui trouvaient Mlle Fouquet charmante. Mais Lauzun avait l'acquis d'un long métier : il est fort à craindre que l'innocente ait écouté le séducteur professionnel. L'histoire raconte que Lauzun empruntait à nouveau, la nuit, le conduit de la cheminée. Mais ce n'était plus pour dîner avec le père...

Les prestiges du démon firent si bien que Fouquet s'en aperçut. Il entra dans une grande colère, alla se plaindre à Saint-Mars, accusa Lauzun de recevoir secrètement de la correspondance et de l'argent. (Plus subtil que leur geôlier, Saint-Simon se demande si cette brouille n'était pas concertée entre les deux prisonniers pour mieux tromper Louvois ?)

Ce qui semble indiquer que Fouquet s'était réellement brouillé avec Lauzun, c'est qu'après sa mort, Mme Fouquet a épousé sa querelle, au sujet de leur fille. Quoi qu'il en soit, cette mésentente entre les deux captifs était vite revenue aux oreilles de Louvois. Il ne manqua pas d'en tirer aussitôt parti pour faire pression sur la Grande Mademoiselle, toujours hésitante à se laisser dépouiller, mais qui, par ailleurs, subissait une manière de chantage de la part de Lauzun, prompt à célébrer les charmes de Mlle Fouquet. L'illustre amoureuse dépêchait à Pignerol un homme de confiance pour négocier avec l'irrésistible, lorsque Fouquet, dont ce drame intime peut avoir hâté la fin, mourut subitement.

Cet épisode galant dans la vie des deux captifs a quelque chose d'affreusement laid. On eût voulu qu'après ce long martyre, la fin fût venue, paisible et pure. Fallait-il que, si longtemps privé de la vie, le malheureux Fouquet y rentrât dans ce qu'elle a de plus bas, souffrît le dégoûtant spectacle de ce Valmont attardé et de cette dérisoire Antigone ? La seule excuse de la niaise personne, c'est qu'elle semble n'avoir pu résister à l'amant sexagénaire. On la retrouve, en effet, dans les *Mémoires* de la Grande Mademoiselle :

« Un jour, Mme de Lévi me dit : " Monsieur de Lauzun a grand-peur quand il me trouve ici [à Choisy] que je ne vous conte tout ce qu'il a fait... — Contez-le-moi. — En arrivant, il a fait semblant d'être brouillé avec Mlle Fouquet... La mère avait

une solide vertu, *mais sa fille n'était pas de même...*
La mère était au désespoir que Lauzun (amené par
M. de Créqui) ne bougeât de chez elle ; en entrant
dans la chambre de Mlle Fouquet, il jetait ses gants
et son chapeau et demandait du chocolat, du thé
ou du café, et quoi que sa mère pût dire, il y venait
tous les jours... et allait les après-dîners se promener
avec Mlle Fouquet ''. » Intrigue amoureuse ou comédie, Lauzun s'en servait pour vexer Mademoiselle,
parlait ouvertement d'épouser la jeune fille. Il fallut,
à la fin, enfermer celle-ci à l'Abbaye-au-Bois (où
d'ailleurs, Lauzun allait la voir tous les jours) et
d'où elle ne sortit qu'au bout de deux ans pour
épouser le marquis de Monsalès, de la maison
Crussol-Uzès. (Cette noble famille semble avoir
désapprouvé ce mariage avec une fille compromise,
car aucun de ses membres n'assista aux noces.)

Le roi venait d'accorder à Fouquet la liberté et
de l'autoriser à aller se soigner aux eaux de Bourbon,
lorsqu'il tomba foudroyé entre les bras de son fils,
après « des convulsions et maux de cœur, sans pouvoir vomir » (Mme de Sévigné), le 23 mars 1680, à
l'âge de soixante-cinq ans.

La *Gazette de France* ne consacra à la mort du
Surintendant que deux lignes.

Une lettre de Louvois à Saint-Mars ayant auto-
risé la levée du corps, Fouquet fut déposé dans une
sépulture provisoire, à l'église Sainte-Claire, puis
dans le caveau de famille, en l'église de la Visitation
Sainte-Marie ; le registre du couvent en fait foi,
faute d'un acte authentique.

La mort subite de Fouquet a donné lieu à divers

commentaires, qu'il est plus difficile de retenir que la version officielle. Mais ils se signalent par tant de pittoresque qu'il n'est pas inutile de les résumer :

Gourville, dans ses *Mémoires*, assure que Fouquet sortit de prison quelque temps avant sa mort, et, le citant, Voltaire ajoute : « La comtesse de Vaux, belle-fille de Fouquet, m'avait déjà confirmé le fait ; cependant on crut le contraire dans sa famille. » Donc, dès le XVIIIe, on n'était déjà plus d'accord sur la mort de Fouquet.

L'historien Pierre Clément, ayant remarqué que certaines dépositions, lors de l'Affaire des Poisons, coïncidaient avec le décès subit de Fouquet à Pignerol et avec les symptômes décrits par Mme de Sévigné, se demande, prudemment d'ailleurs, si le Surintendant n'aurait pas été supprimé dans sa prison ?

Un autre historien, M. Duvivier, se base sur une lettre obscure de Louvois à Saint-Mars, parlant de drogues, pour conclure aussi à l'empoisonnement.

D'après Huyard (*L'Affaire Fouquet*), Saint-Mars aurait reconnu, dans une lettre à Louvois, qu'il avait, à la mort de Fouquet, trouvé sur le corps des papiers secrets. Aussi Louvois reproche-t-il à Saint-Mars d'avoir permis au vicomte de Vaux d'emporter les papiers de son père.

Chelles, dans ses *Mémoires*, citant Picon, alors premier commis de la Marine, déclare que Fouquet a été libéré et, après un dîner à Chalon-sur-Saône, est mort d'indigestion, sur la route du retour.

La thèse de Paul Lacroix (qui signe le Bibliophile Jacob) met en doute les précisions sur le lieu et la date de la mort de Fouquet ; ce seraient là consignes du roi. Saint-Mars aurait transféré son prisonnier à l'île Sainte-Marguerite de Lérins ; Fouquet, emmené ensuite à la Bastille, y aurait fini ses jours en 1703, un masque de fer sur la figure. M. Topin, dans son *Masque de fer*, réfute brillamment cette brillante thèse.

En l'absence d'autres lettres de Saint-Mars et de Louvois sur la fin de Fouquet, il est préférable de tenir pour vraie la version officielle et de dire avec Mme de Sévigné : « Si j'étais du conseil de famille de M. Fouquet, je me garderais bien de faire voyager son pauvre corps... ce ne serait pas de cette sorte que je voudrais le voir sortir de prison. »

Que le pauvre corps n'aille donc plus voyager au pays des hypothèses.

Fouquet mort, à qui on a volé sa dernière fille, Colbert vivant, entouré de ses filles, toutes trois duchesses, cette révolution de deux destins semble trop parfaite, accomplie jusqu'à l'étrangeté ; elle est pourtant logique, morale, lumineuse : l'impatient a été bloqué, l'homme qui attendait son heure l'a trouvée ; les biens de ce monde ont glissé des mains du premier dans celles du second.

Mais Fouquet a sauvé sa vie profonde, laissant Colbert condamné à ramer sur la galère mondaine, avec des gants parfumés.

Les dieux n'aiment pas l'homme heureux.

XVIII

LE CHANT DES PARQUES

Qu'elle craigne les dieux immortels
La race des humains !
Qu'il les craigne doublement
Celui qu'ils ont élevé jusqu'à eux
Et laissé s'asseoir à leurs tables dorées.

Bafoué et déshonoré,
Il sera précipité
Dans la nuit des abîmes
Et, enchaîné dans les ténèbres,
Il attendra en vain
Une justice juste.

Les dieux, cependant,
En des fêtes éternelles,
Aux tables dorées,
Voleront de pic en pic.

Des profondeurs puantes
Montera vers eux
Le souffle
Du héros foudroyé.

Goethe,
Le Chant des Parques.

DU MÊME AUTEUR

VENISES, *récits.*

UN LÉSINEUR BIENFAISANT *(M. de Montyon), discours.*

POÈMES : LAMPES À ARC — FEUILLES DE TEM-
  PÉRATURE — VINGT-CINQ POÈMES SANS OI-
  SEAUX — U.S.A.

LES ÉCARTS AMOUREUX, *nouvelles.*

DANS LA MÊME COLLECTION